［英］温斯顿·丘吉尔—著 　　李国庆等—译

CHURCHILL'S MEMOIRS OF WORLD WAR II

丘吉尔二战回忆录

营 救 非 洲

SPM
南方传媒 | 广东人民出版社

·广州·

图书在版编目（CIP）数据

营救非洲 /（英）温斯顿·丘吉尔著；李国庆等译.
广州：广东人民出版社，2024.8. --（丘吉尔二战回忆
录）. -- ISBN 978-7-218-17975-9

Ⅰ. K835.617=5；K152

中国国家版本馆 CIP 数据核字第 2024MZ3949 号

QIUJI'ER ERZHAN HUIYILU · YINGJIU FEIZHOU

丘吉尔二战回忆录·营救非洲

［英］温斯顿·丘吉尔 著　李国庆等 译　　版权所有　翻印必究

出 版 人：肖风华

责任编辑：范先鋆　胡吕乔
责任技编：吴彦斌
封面设计：贾　莹

出版发行：广东人民出版社
地　　址：广州市越秀区大沙头四马路 10 号（邮政编码：510199）
电　　话：（020）85716809（总编室）
传　　真：（020）83289585
网　　址：http://www.gdpph.com
印　　刷：三河市人民印务有限公司
开　　本：787 毫米 × 1092 毫米　1/16
印　　张：11　　字　　数：158 千
版　　次：2024 年 8 月第 1 版
印　　次：2024 年 8 月第 1 次印刷
定　　价：58.00 元

《丘吉尔二战回忆录》 译者

（排名不分先后）

李国庆	张　跃	栾伟霞	曾钰婷	刘锡赟	张　妮
李楠楠	汤雪梅	赵荣琛	宋燕青	赖宝滢	张建秀
夏伟凡	王　婷	江　霞	王秋瑶	郑丹铭	姜嘉颖
郭燕青	胡京华	梁　楹	刘婷玉	邓辉敏	李丽枚
郭轶凡	郭伊芸	韩　意	李丹丹	晋丹星	周园园
王璔珽					

战争时：　意志坚定
战败时：　顽强不屈
胜利时：　宽容敦厚
和平时：　友好亲善

致　谢

我必须再次向协助我完成前几卷的各位致以友好的谢意；他们是陆军中将亨利·波纳尔爵士、艾伦海军准将、迪金上校、爱德华·马什爵士、丹尼斯·凯利先生和伍德先生。我也再次向审阅过原稿并提出宝贵意见的其他人士表达最诚挚的谢意。

伊斯梅勋爵和其他朋友也不断给予我帮助。特此致谢！

撰写本卷①所需的某些官方文件王家版权归英王陛下政府文书局局长所有，承蒙英王陛下政府准许，这些官方文件的文本才得以复制，特此致谢。遵照英王陛下政府的要求，为了保密起见，本卷中所刊载的某些电文有所改动。但是这些改动并未改变原有内容。

美国海军预备队塞缪尔·埃利奥特·莫里森上校所著关于海军战斗的一些书生动展现了美国舰队的作战行动，我在此也要向他表示谢意。

罗斯福财物保管理事会允许在本卷中引用总统的一些电文，还有其他好友同意发表其私人信件，均一并致谢。

---

① 原卷名为"命运的转折"，现分为《陈兵太平洋》《进犯南亚》《攻守易形》《营救非洲》《非洲的胜利》《形势逆转》六册。——编者注

前　言

就我亲眼所见，在"铁血风暴""最光辉的时刻"和"伟大的同盟"各卷①中我曾讲述过引发第二次世界大战的几个重大事件：纳粹德国征服欧洲，德国进攻苏联、日本对美国发动猛攻后才使得苏联和美国成为我们的盟国，我军才不再孤军奋战。

岁末年初之时于华盛顿，我和罗斯福总统在海陆军顾问的支持下宣布建立伟大同盟，并为未来作战制定主要策略。现在我们必须应对日本的进犯。

这就是 1942 年 1 月 17 日，我刚刚抵达普利茅斯的情况，本卷（《陈兵太平洋》《进犯南亚》《攻守易形》《营救非洲》《非洲的胜利》《形势逆转》）所要讲述的内容也由此开始。本书依然从英国首相的立场出发，同时因我兼任国防大臣而在军事上负有特殊使命。另外，我仍然倚重一系列的指令、电报和备忘录，这些材料在成文的时刻具有重大意义和利害关系。我也想不出更好的言辞去重述。这些原始文件都是在紧急事件发生时由我口授的，既出自于我手，我希望大家可以通过这些真实材料来评断我的功过。事后诸葛亮很容易，但我还是希望历史学家能深思熟虑，在适当的时候给出一个评价。

我之所以把这一卷称为"命运的转折"，是因为在这一时期我们从接连战败变得战无不胜。在前六个月中，诸事不顺；但在后六个月中，一切顺利。而且，这一可喜的转变一直持续到了战争结束。

温斯顿·丘吉尔

于肯特郡，韦斯特勒姆，恰特韦尔庄园

1950 年 1 月 1 日

---

① 　现分为十四册。——编者注

目录
CONTENTS

第一章

ONE

不 信 任 投 票

一系列军事上的失利与溃败——6 月 25 日，极易成行的不信任投票——撤回该提议的请求被驳回——7 月 1 日，辩论首日——自相矛盾的辩词——温特顿勋爵进行抨击——突如其来的灾难——美国对英国情况的歪曲报道——坦克自身的缺陷以及战前的问题——捍卫自己的国防大臣一职——仅有二十五人投反对票——历史性的巧合

媒体——尖刻作者和聒噪评论家的集中营，其喋喋不休的批判得到下议院一些成员的附和，而我们大多数人则持悲观态度。在这个节骨眼上，如果不经历一次投票，一党执政的政府极有可能会重蹈覆辙，陷入 1940 年 5 月张伯伦先生被激烈意见围攻以致交权的困境。然而，2 月重组的国民联合政府拥有空前的团结力和强大实力。所有主要大臣都紧紧团结在我身边，从未产生过不坚定、不忠诚的想法。由此看来，我似乎已取得那些充分了解情况、关心局势演变并将承担责任的人的信任。没有人有过动摇的念头，没有人谋划任何诡计。我们是一个牢不可破的团体，能够抵御所有外界政治攻击，我们还能团结一致面对一切困难，为共同事业而坚持不懈地努力。

我们已经遭受一连串的打击和失败：马来亚、新加坡和缅甸；奥金莱克在沙漠战场失利；托布鲁克陷落，其原因未明，也难以解释清楚；沙漠军队迅速溃退，昔兰尼加和利比亚失守；向埃及边境撤退四百英里；五万余人伤亡或被俘。我们损失了大量火炮、弹药、车辆和各种储备物资。我们又撤回到两年前的旧阵地——马特鲁。可是，此次却面临着隆美尔所带领的德国军队的乘胜追击，他们坐在缴获自我们的汽车上，车子燃着由我方供应的汽油，就连发射的弹药也多数是

我们的。只要再稍微前进一些，再取得一次胜利，墨索里尼与隆美尔就会联手进入开罗或者将之打成一片废墟。一切前途未卜。我们不但受到惊人的打击，而且还面临着种种未知因素的考验，谁能预言这种局面究竟会如何发展呢？

议会的形势需要立刻明朗化。然而，由于在新加坡沦陷之前就曾举行过一次信任投票，所以想要求下议院再举行一次似乎就相当困难了。可是，如果心怀不满的议员自行决定在议程单上规定投不信任票，那么这一切就会变得非常容易。

*　　*　　*

6月25日，一项议案出炉，内容如下：

> 下议院向在极其艰难条件之下仍英勇作战、顽强不屈的皇家军队表示敬意，但是，对于政府在战争中的指挥却不予信任。

提出此议案的是保守党一位有势力的议员约翰·沃德洛－米尔恩，他也是极有权势的全党财政委员会的主席。我始终特别留意研究这个委员会关于管理资源浪费和行政效率低下等情况的报告。该委员会存有大量可用资料，而且同我们外线战争机构有大量的接触。当海军元帅罗杰·凯斯爵士和前陆军大臣霍尔－贝里沙先生都宣布支持这项提议之时，那么显而易见，我们正面临着一项极为严峻的考验。实际上，在一些报纸上和游说团体中，已经蔓延着关于一场起决定性作用的政治危机正日益迫近的言论。

我立刻表态说，我们将为公开辩论提供充分的机会，将时间定在7月1日。我认为，有必要发布一项公告。

首相致奥金莱克将军：

　　星期四下午四时左右，当在不信任投票辩论中讲话时，我认为有必要宣布，你从 6 月 25 日起就已接替里奇担任指挥。

1942 年 6 月 29 日

　　埃及的战争形势日渐恶化。人们普遍认为，开罗和亚历山大港很快就要在隆美尔的刀光剑影之下陷落。墨索里尼确已准备飞往隆美尔指挥部，还打算参加其中一个或是两个城市陷落之后的凯旋入城仪式。议会局面和沙漠战场似乎时时刻刻保持高度契合。当批评者们得知他们将直面我们团结一致的联合政府时，其中有些人就开始打退堂鼓，议案的提议人也提出，如果埃及的严峻形势使得现在不宜公开辩论的话，他们就会主动撤回议案。可是，我们一点儿都不想让他们轻易逃脱。鉴于三个星期以来，整个世界，无论敌友都在密切关注着我们日益紧张的政治军事局势，所以我们必须尽早解决这些问题。

丘吉尔先生致约翰·沃德洛－米尔恩爵士：

　　今早我把你 6 月 30 日的来信当面交给了战时内阁。这些天，几乎整个世界都已经知晓，当今政府的工作能力和权威受到了挑战。鉴于此，他们希望我告知你，必须立刻解决这件事。我们也为此做好充分的准备。

1942 年 6 月 30 日

　　辩论开始前，海军中校金－霍尔起身要求约翰·沃德洛－米尔恩爵士把他的议案延期至利比亚激烈的战事结束之后。约翰爵士回应道，倘若政府出于国家利益的考虑要求延缓投票，他会立刻默然同意。但是，政府至今未提出此项建议。于是，我做出以下声明：

　　我已经仔细考虑过这个问题。假如有人因战情的紧迫性和严峻性而进行呼吁，那么辩论将会被推迟。若非如此，我绝不会对这项决定产生任何疑虑。关于不信任投票的提案列入议程已有一段时间，而且这一消息已很快传遍全世界。我在美国的时候，亲眼见证了此项议案的出台在美国所引发的热议。虽然身处本国的我们对当前体系的稳定性以及政府的强大实力较为了解，但是其他国家并无法对此感同身受。现在，事已至此，而且一个多星期以来，这件事已经引发世界各处的热议。我认为，推迟议案甚至比带着问题继续下去危害更大。

＊　　＊　　＊

我把我的发言留到辩论最后，于是我就有时间研读斯塔福德·克里普斯爵士的报告。报告上列举了他所认为的一些我易被攻击的要点①。

斯塔福德·克里普斯爵士致首相：

毋庸置疑，下议院及全国上下都对此众说纷纭。但是，我们也十分清楚，关于不信任投票无论如何都无法代表全国民众对这一消息的普遍反应。与此同时，在莫尔顿递补选举中，政府只获得两万张选票中的六千二百二十六张。这个影响重大的结果在很大程度上肯定是由利比亚局势所造成，而且这一结果也反映出选民的深切不安以及对政府的不信任。我认为，这种情绪并不针对首相个人，而是在表达一种不满——某些地方出了问题，而且应当立即被纠正。就我所能推断，这种批判性的态度主要针对以下六个方面：

1. 开罗方面过度乐观的新闻报道。诚然，这些报道绝非

①　7月2日我开始发言时，得到了这份文件。

官方，但一定是受到军事当局所提供给媒体消息的影响。军事当局的用意旨在引导通讯记者进行报道，而关于战局形势的报道却过于乐观。官方也并未刊登公报纠正这一不实报道。因此，军事当局给人们的印象是，他们并未认识到问题的严重性，所获军事情报也不够准确，而不实情报则会误导前线的指挥官。托布鲁克陷落以及向马特鲁撤兵的消息令人们大为震惊，毫无疑问，媒体也就此进行了大肆报道。

2. 指挥不当。人们普遍认为，倘若指挥得当，本可以打败隆美尔。按照奥金莱克将军的说法，尤其是在隆美尔军弹尽粮绝、命悬一线的关键时刻，更是可以取胜。人们的一致看法是，当时缺乏领导人才，而且在整场战役中防御过度，军队在关键时刻也缺乏还击的力量。

批判之声令人们产生怀疑，总司令或是陆军司令官是否真正了解现代化机械战争的战术策略，以及是否应该让经验更加丰富而且更加熟悉机械化战争的将领将之完全取代。

3. 最高指挥部。第二项内容中的批评之声甚至令人们怀疑，最高军事指挥部是否也同样延迟、滞后，无法制定出打击隆美尔及其军队的有效方针。除此之外，人们认为，陆军和空军并未按照原计划进行有效合作。所以，最高指挥部也未能协同努力、统筹计划安排。

4. 武器。人们责难最重的地方是，经过近三年的征战，我们的重要武器——诸如坦克和反坦克炮，仍然比敌军的落后。而这是造成我方溃败的主要原因。

5. 科学研究与发明。很多人认为，尽管我国拥有技术精湛的研究人员、科学家和发明家，但是我们并未让他们在装备竞赛中充分发挥作用；为了在战争中的重要一环获取最大益处，我们应当在组织结构方面做进一步改进。

6. 空军。人们无法理解，为何奥金莱克将军说我国空军拥有绝对优势，可是却不能阻止敌军前进。这令人们产生怀

疑——适当的空军装备是否可供使用，同时也滋生出一系列关于俯冲轰炸机和飞机类型的其他问题。在这一方面，人们还是有所担忧，尽管我方空军处于优势地位，但由于我们对飞机机型的观点过于僵化，这令我们无法像敌人那样进行有效的空中战斗。

中止对利比亚的增援问题又以另一种形式被提出：鉴于我方在地中海的海军力量薄弱，那么是否可以更有效地利用远程飞机？

我认为，上述内容概括了那些相对认真思考局势的人士所担忧的主要问题。

1942 年 7 月 2 日

*　　*　　*

约翰·沃德洛－米尔恩爵士用一场动人的演说开启整场辩论。他提出主要论点，内容如下。这项议案"并非旨在抨击战场指挥官，而是明确指责位于伦敦的中央指挥机构。我希望指出的是，此次战役的失败应归咎于伦敦当局，而不应怪罪利比亚或是别处。我们在战争中所犯的第一个主要错误就是让首相担任国防部大臣"。他详细阐述了这两个职位所要承担的"巨大责任"。"我们必须让一位能胜任的全职领导担任参谋长委员会主席。我需要有一位优秀的无党派领袖任命陆军上将、海军上将和其他将领，而且能够统率皇家军队三军……有能力获得胜利所需的全部装备……他的海陆空三军将领能各司其职，且不被上方过度干预。最重要的一点是，当此人无法胜任时，就立刻引退。由于首相无法密切关注国内动态，负责管理武装部队的那些人，不论是什么头衔，国防大臣或者其他指挥官都无法及时做出指示，我们都因此而深受其害……在过去的几个月，甚至在过去的两年，遭受这一系列战争灾难的平民心里都十分清楚，正是战时行政中枢的根本性缺陷造成了这一切。"

正当讲述要点之际，约翰·沃德洛－米尔恩爵士突然话锋一转说："如果国王陛下和格洛斯特公爵殿下同意任命格洛斯特公爵殿下出任英军总司令而不承担行政职责的话，那么将会深得人心。"这句话对他的提议有弊无利，因为这被认为是将皇室成员牵扯进政治实权的一个提议。几乎享有无限权力的最高军事统帅，及其与王室公爵的关系，让这一切看上去似乎有几分独裁的味道。从这一刻开始，他那份冗长而详细的报告似乎就偏离了要旨。约翰爵士最后说道："下议院应当明确表态，我们需要一位全心全意为战争胜利而不懈努力的人来统领皇室武装部队。倘若有合适的人选，下议院还应当赋予他独立执行任务的权力，助其坚定不移地完成使命。"

　　罗杰·凯斯爵士附议。这位海军元帅的联合作战指挥官一职被撤，而且在他任职期间，我常常否定他的建议，这都令他甚感不快。然而，由于我们之前有比较久的私人交情，他倒是未咄咄逼人地展开攻击。海军元帅主要向我的专家顾问提出批评——无疑是三军参谋长。他说："在他担任首相期间，本有三次战略性的机会——分别是在加里波利、挪威和地中海，令这两场战事翻盘。可是，每次都因为他的法定海军顾问害怕与他共同承担失败的风险而错失良机。这真令人难以接受。"人们还注意到，他与提案人的论点不一致。独立劳工党的一位议员斯蒂芬先生打断道："原提案人以首相不适当的干涉军事指挥为由，提议举行不信任投票；而附议人之所以加以支持，似乎是由于首相未能充分干涉军事指挥。"下议院明显看出了这一点。

　　凯斯海军上将说："我们希望首相履行好相应职责，再一次团结全国人民直面这项艰难的挑战。"这时，另一位工党议员适时地插了一句话："议案直接针对的是战争中央指挥处。倘若议案得以通过，首相必须辞职；但这位令人尊敬的、有英雄气概的军官却在向我们呼吁，让首相留任。"罗杰爵士回应道："首相被迫请辞将会是一场可怕的灾难。"因此，这场辩论从一开始就被打断。

　　尽管如此，辩论仍在继续，而批判之声却逐渐占据上风。新任生产大臣奥利弗·利特尔顿上校以一段激烈的陈词，理据充实详尽地回

应了那些针对我们的装备而进行的控告。普通议员中的保守派成员也大力支持政府，尤其是布思比先生，他的发言感染力极强，对我们帮助极大。但是，温特顿勋爵恢复了攻击者的锋芒，将攻击的矛头指向了我。"实际指挥纳尔维克战役的政府大臣是谁？正是现任首相，而时任英国海军大臣。可是，却没人敢怪罪首相，即便按照宪法他理应承担责任……倘若在每次蒙受灾难之时，都得到同样的答案，那就是，无论发生什么都不应怪罪首相，那么我们岂不是在理智和情感上的态度都与纳粹无异：元首永远都是对的……在我担任议员的三十七年间，从未见过像如今一般千方百计地为未履行部长职责的首相开脱的情况。在过去的战事中，我们也从未遭受过比这次更严重的一系列灾难。可是，看看政府现在是如何逃避责任的——因为'元首永远都是对的'。在 1940 年，我们一致认为，首相是带领我们不屈不挠、英勇作战的总司令。然而，在 1940 年之后发生了太多的事情。如果日后仍会遭遇这一系列的灾难，这位尊贵的绅士——应该像任何人都能做到的那样，主动完成请辞壮举。他也会在诸多适合担任首相的现任国务大臣中挑选一位，建议其接替自己的职位并重组政府，而这位令人尊敬的绅士将在他手下任职。由于他一直与苏联和美国保持完美的外交关系，外务大臣一职或许是他不错的选择。"

这场持续到翌日凌晨三点的激烈辩论，我很难听到一半以上。当然，我需要为次日答辩做准备，可是，更多时候，我是在为安危未定的埃及局势而担忧。

* * *

第一天的辩论逐渐平息，这场辩论于 7 月 2 日又再度热烈起来。当然，自由辩论并不设限，也一刻没有停息。甚至有一位议员这样说道：

我国有五六位来自捷克、波兰和法国的异国将军，他们全都接受过使用德国装备、应对德国战略的专门训练。我知道让他们中的一些人上阵指挥有损我方尊严，但是在我们训练出相应人才之前这样做又未尝不可呢？将这些与里奇将军拥有同等军衔的人派遣出去有什么错呢？为什么不让他们上阵指挥我们的军队呢？他们知道怎样指挥这场战争，而我们的人却稍逊一筹。我相信，与其让我们的士兵在无能的本国将领的指挥下做无谓的牺牲，倒不如让同盟国的他国将领带领我们争取胜利，减少伤亡。首相您要知道，在国内一直流行着这样一种讽刺：隆美尔如果在英国服役，顶多是个中士。[①] 难道不是这样吗？这种说法在军队中广为流传。目前，英国军队中有一个人——这可显示出我们如何部署训练有素的士兵——名叫迈克尔·邓巴，曾在西班牙调遣十五万大军越过埃布罗河，而其现任英国军队装甲旅中士。他曾是西班牙参谋长，指挥大军在埃布罗河大获全胜。然而，在英国他仅是一个小小的中士。这表明，英国军队深受阶级偏见之害。你需要改变这种现状，而且必须做出改变。如果下议院没有勇气促使政府做出改变，事态发展也将会令我们不得不做出改变。虽然今天下议院可能不会留意我所说的话，但是下周你们会后悔的。下周一或是下周二请务必记得我今天所说的话。批判政府的并非是我，而是目前的事态。我们所能做到的就是发声提醒，或许存在不足，但我们将竭尽全力。

前陆军大臣霍尔-贝里沙将军就批判政府的议案做总结性发言。他说道："我们或许会丢失埃及，或许不会——我向上帝祈祷，我们能守住。然而，首相曾经说过我们会守住新加坡，守住克里特岛，我们已在利比亚粉碎德军……于是，当我读到此处，即首相说我们会守住埃及时，我变得愈发焦虑不安……我们还能继续信任一次次将我们引

---

① 这说明隆美尔在两次大战中长久而杰出的成就并不为人所知。——译者注

入歧途的人吗？下议院必须为此做出定夺，考虑是什么使我们处于险境之中。短短一百天的时间，我们就失去了远东的统治权。接下来的一百天还会发生什么？请各位问问自己的良心再投票。"

在他这番精彩的演讲之后，我做了总结性发言，结束这场辩论。彼时下议院人满为患。非常自然地，我把所能想到的全都讲了出来。

这场耗时良久的辩论终于迎来最后一环。这场辩论堪称是战时议会体系高度自由的典范！人们竭尽脑汁，甚至旧事重提，而这一切都是为了削弱人们对政府的信任，证明各位部长的无能，并以此削弱他们的信心；还使得军队不再信任他们从政府方面得到的支持，令工人对他们千辛万苦制造出来的武器丧失信心。把政府描述成以首相为首的一批无用之人，并一步一步瓦解首相的自信。若有可能的话，他们甚至还要在全国人民的面前这样做。所有这一切，都经由电报或广播传递到世界的每一个角落，真是亲者痛，仇者快！我赞成这种自由，在像我们正经历的危急时刻，任何其他国家都不会，也不敢使用这种自由。但是，事情绝不能就此终结，我也要向下议院发出呼吁，事情不能就此终结。

在过去的两周，昔兰尼加和埃及遭遇军事溃败，这不仅彻底改变了当地战场的局势，而且彻底颠覆了整个地中海地区的战局。我们损失五万名士兵，其中大多数身陷囹圄；我们还损失大批物资，尽管已经精心安排炸掉不少，但依然有大量贮藏落入敌军之手。隆美尔在沙漠战场上前进大约四百英里，目前正逐渐靠近富饶的尼罗河三角洲。这些事件在土耳其、西班牙、法国、法属北非所造成的恶劣影响还尚未进行评估。目前，我们在中东以及地中海地区所寄予的希望遭受自法国沦陷以来最为残酷的打击。如果有人想从灾难中趁机牟利，雪上加霜，那么他们当然有自由这么做。

两万五千人防守之下的托布鲁克在一天之内陷落，这完

全出乎人们意料。不仅下议院和普通民众没有想到，就连战时内阁、三军参谋长和陆军总参谋部都没有料到。中东最高指挥部的奥金莱克将军听到消息也感到十分震惊。在托布鲁克陷落的前夜，我们还收到奥金莱克将军发来的电报，他称，该地防御严密，各部井然有序，所备物资足够守军九十天之用。从塞卢姆到哈尔法亚以及从卡普措到马达累纳堡的防线，都是由德国人修建而后由我方进行加固。我们还被寄予厚望，坚守这牢固的边防阵地。我们新修建的铁路在后方呈直角展开，正如后方这个词所表达的一样，我们不再像在早期的利比亚战役中那样背面靠海，且侧面受敌。奥金莱克将军本打算，在强大的增援部队——正在逐渐靠近，部分已抵达——全部到达之前坚守这块阵地，从而掌握反攻的主动权。

21 日，周日清晨，我到总统房间，得知托布鲁克陷落的消息，这令我大吃一惊。这一消息让人难以置信，可是几分钟后，我也收到一封从伦敦转来的电报。我希望下议院能意识到，这对我而言是多么沉重的打击。然而，更糟的是我当时正在一个伟大的盟国执行重要任务。政府在溃败后保持冷静沉稳的态度，就使得一些人轻易下论断说，无党派批评家比政府官员更为关心人民疾苦。恰恰相反，我认为，没有人会比对该行动全权负责的指挥官更为悲痛。在接下来的数日里，每每读到对英国和下议院的歪曲报道，我都愈加悲痛。下议院根本不知道他们的议程在大洋彼岸遭到怎样的解读。问题在国内被抛出，不代表任何政权组织的个人或是独立派也做出评论，这些言论还被逐字逐句地记录下来，并且常常被认为是下议院的真实意见。大厅里的闲言碎语，吸烟室里的你应我和，还有舰队街的巷口杂谈都被整合成严肃的社论，而这让整个英国政坛看起来摇摇欲坠，朝不保夕。一大波的预测和炒作也蜂拥而至。因此，我读到一些耸人听闻的头条报道，诸如"下议院要求丘吉尔回国接受审判"或是"丘吉

尔回国后会遭受最严重的政治危机"。对于正在全力协商关乎战争走向的国家大事的英国代表来说，这种舆论无疑有害无益。幸好我们的美国朋友并非落井下石的酒肉朋友，所以这些来自国内的谣言并未影响到我的工作。他们预料到，这场艰苦卓绝的战争会耗时良久，也会不时地产生令人惋惜的变故。我承认，在这场特殊的变故中，我们所有身居高位的人之间的友谊实际上变得更加稳固。

可是，我依然要说，我不相信有任何一个为国执行重要使命的公务人员会像我一样，在出使美国期间遭受来自国内的攻击。我认为，这种指责绝非有意为之。我所坚信的我与广大英国人民之间的亲密友谊支撑我度过那段艰难的日子。我非常自然地向招待我的东道主解释，那些在议会中滔滔不绝的人绝对无法代表整个下议院，正如那一小批以发布英美之间以及澳洲的流言蜚语为主业的狗仔，绝对无法代表令人尊敬的新闻界一样。同时，我也说明，在我回国时，下议院将对这些从总体上表达一个负责、适当而审慎的观点以示证明。而这就是我今天要求下议院所做的事情。

霍尔－贝里沙先生着重谈论英国坦克失利和装甲设备不足的问题。然而，根据战前陆军部的履历来看，他来批判这个问题并不够格。与之相反，我却有资格来谈论此事。

坦克的点子来源于英国。根据戴高乐将军的著述，现今所使用的装甲兵概念则主要是法国人的创意。而德国人将这些主意化为己用。战前的三四年间，他们以惯有的全神贯注的精神致力于坦克设计和制造，以及装甲战的研究和演习。因此，即使当时陆军大臣没有进行大规模制造的经费，他至少可以制作并全面试验原尺寸模型，选择合适的工厂，准备好钻模和测量仪器。这样一来，在战争开始时，他就可以大规模生产坦克和反坦克武器装备。

当被我称为贝里沙的时期结束时，我们仅剩二百五十辆装甲车，也没有几辆携带发射两磅重炮弹的大炮。大部分装甲车在法国被德军缴获或是摧毁。

我愿意接受，事实上也必须接受，尊贵的温特顿伯爵所说的为所有已发生事件而承担的"宪法职责"。我认为，我已尽职尽责，因为我并未干涉我军与敌军交战的技术性操作问题。然而，战争开始之前，我确信在接下来的一两个月中，广阔的中东地区再难发生比西部荒漠战场更重要的战事，由此我曾敦促奥金莱克将军亲自指挥战役，我确信他必然可以胜任。可他却找出各种理由拒绝了，于是任命里奇将军上任指挥。正如我周二知会下议院的一样，奥金莱克将军已决定于 6 月 25 日接替里奇将军亲自担任指挥。我们立刻予以批准。然而，事实上，我必须承认，将领的接替并不能成为我们做出关于这场战争最终评断的依据。事实上，我不能根据战争中所发生的一切而加以评判。我希望，陆海空指挥官在面对大众批评之声时，政府能成为其坚强的后盾。我们应该公平地为他们提供机会，并且不止一次。人人都有可能犯错，但是可以从错误中成长；人人都可能时运不济，但终有一天会时来运转。然而，只有当将军们能感受到强大的政府支持，不用前怕狼后怕虎，不必为国内事务忧虑分心，可以集中精神全力抗敌时，我们才能让他们冒险。应该说，只有在大多数都忠诚坚定地支持政府之时，政府才能冒险。看看我们现在被要求做的这些事吧，试想一下，假如我们竭尽全力却不幸溃败所要遭受的打击吧。在战争时期，若你愿意为之服务，就必须保持忠诚……

我希望能说几句像外交辞令一样表示"极大忠诚和敬意"的话，同时我也希望能给予我最大的辩论自由。这一届议会承担着一种特殊的责任，罪恶初降世间之时，它便负责

进行指挥。我承蒙下议院照顾，因此，诚挚地希望它能看到罪恶的终结。在漫长的岁月里，只有议会成为由其选举而来的责任型政府行政机构的坚强后盾，这一刻才会到来。议会应该是一国稳定的基石，而非一个被心怀不满的媒体利用并试图制造一起接一起危机的工具。在这场战争中，如果民主政治和议会制想要获得胜利，那么依靠于他们的政府要有所作为并且敢于作为；皇室的臣仆不应吹毛求疵、强聒不舍以增添麻烦；敌人的宣传部也无须我方一直提供素材，而且在全世界毁谤，破坏我们的声誉。恰恰相反，在关键时刻，下议院整体的意愿应当清晰明了地表达出来。不只是发言者，台下观察、聆听进而做出判断的人也应当成为国际事务的参与者。毕竟，我们还在为生存而战，为高于生命的事业而战。我们只有恪尽职守，才有权断言胜利必将来临。审慎、具有建设性的批评，或是秘密会议中的批评至为宝贵。然而，下议院的职责在于支持政府或改换政府，如果不能改换，那么就请支持它，在战争期间没有中间道路可走。5月这两天的辩论已然在国外产生许多不良影响。仅仅是在国外报道这些怀有敌意的演讲，敌人就可对此添油加醋、多方利用。

就战争的问题辩论之后，接着就是表决，或者为表决提供机会；因此，我希望，下议院绝大多数人的意见不仅要在表决时确切明了地表达出来，而且在以后的时日里也当如此；而那些力量较弱的弟兄们，如果我可以这样称呼他们的话，将不容许篡夺或垄断下议院的特权和高贵的权威。下议院的大多数必须恪尽职守。我所提出的要求只是以某种方式做出决定而已。

媒体界现在有一种煽动性的言论，意图剥夺我在战争中行使的总指挥与总监督权。而这种言论在一些怀有敌意的演讲中得到应和。今天，我并不打算花时间争辩，因为在最近的辩论中这个话题已经被讨论多次。据目前安排，在参谋长

下属机构的全力协作以及联合参谋长委员会的大力帮助下，三军参谋长一起不间断地开会，日复一日地讨论战事，只为制定更为有效的军事战略，以作用于他们直接指挥领导的陆海空军队。不论是作为首相还是国防部长，我都负责监督他们的活动。而我在战时内阁的监控下展开工作，向其上报所有重大事件，并同他们一起落实所有重大决定。我全部的工作几乎都有书面记录；我所做的全部指示、所进行的调动以及所起草的电文都完整备案。倘若通过这些对我加以评判，我会感到非常满意。

我并不要求对我或是对政府予以宽恕。我是在帝国命悬一线之际，并竭尽全力为我的前任辩护之后才出任的首相兼国防大臣。我是你们的公仆，只要你们愿意，随时可以解除我的职务。但是，你们没有权力做的是，要求我负起各种责任而又不给我有效行动的权力；要求我担负起首相的责任，却又如同那位令人尊敬的议员所说的，"在各方面受到权威人士的钳制"。假如今天，或是未来的任一时刻，下议院在执行其毋庸置疑的权力之时，我可以问心无愧地离开，那是因为我已经凭借其给予我的权力履行相应职责。到那时，我只要求一件事，那就是，将曾经并不打算给我的权力适度地下放给我的继任者。

比起个人事务，此时还有一个更重要的问题需要讨论。不信任投票的发起者提议免除我的国防职责，以便一些军事人物或者其他未指定的人掌握战争的总指挥权；发起人还提议，此人应取得皇室军队的全面控制权，担任参谋长委员会主席，拥有将领的任命权和解雇权，而且要随时准备辞职，也就是说，如果有合适的同僚可以考虑的话，那么就让位于能力相当的同僚；倘若他没有得到所想要的全部，那么他应该在他手下安排一位皇室公爵担任军队总指挥。最后，我推测，虽然这一点并未提及，这位未指定的人应该在首相手下找个活干，以便在事情出错的情况下能够向议会做出必要的解释、找出合适的借口，然后诚恳地道歉。他们现在常常这样做，将来也一定经常这样。至少这也算是一项政策。只不过这全然不同于我们当今的议会体系，所以很容易被认定为独裁或者转化为独裁。我希望准确表明，就我本人而言，我绝不会在这样的体系中行事。

约翰·沃德洛–米尔恩爵士此时插话道："我希望阁下没有忘记最初的那句话：'受制于战时内阁！'"

于是，我继续说道：

与"受制于战时内阁"相反的是，如果这位掌有一切权力的权威者未能行其所是，他应该会于任何时机决然自行引退。这只是一个计划，但不是我个人有兴趣参加的那种计划，而且我认为也不会有人向下议院推荐该计划。

以各党派之力否决这项不信任投票是一项值得考虑的大事。我请求你们，不要让下议院低估目前这件事情的严重性。我们被毁谤的消息已经传遍全世界。所有国家，无论是敌是友，都在等待着下议院做出真正的决断，因此我们必须继续前行，为之战斗到底。我可以证明，在全世界，在美国各地，在苏联以及遥远的中国，每一个被敌人欺凌的国家都迫不及待地想知道，英国是否拥有一个强大且团结一致的政府，国家领导力是否受到了挑战。每一票都尤为关键。倘若攻击我们的人数减少到微不足道的比例，他们对联合政府所投的不信任投票就会转变成对动议发起人所投的反对票。毫无疑问，英国的每一位朋友以及我们事业的每一位忠实仆从都会为其喝彩，我们力图推翻的暴君耳边将会开始响起失望的丧钟之鸣。

下议院进行投票，约翰·沃德洛-米尔恩爵士的"不信任"议案以二十五票对四百七十五票而宣告失败。

我的美国朋友们紧张地关注着事态进展，结果令他们十分满意。我醒来后随即收到了他们发来的贺电。

> 罗斯福总统致首相：
>
> 　　祝贺您。
>
> 1942 年 7 月 2 日

> 哈里·霍普金斯致首相：
>
> 　　下议院的投票结果令我非常满意。过去的一段日子很难熬，毫无疑问以后这种日子也会有。那些胆小怕事、遇到挫折总想逃避的人永远不会赢得战争的胜利。您的力量、坚韧不屈和永不磨灭的勇气会帮助英国渡过难关，而且，您明白总统会一直支持您。我知道您很乐观，不管是眼下的你我双方的军事失利还是我们终将赢得的胜利，我们都将与您一同度过。愿力量与您同在。
>
> 1942 年 7 月 2 日

我回复：

> 首相致哈里·霍普金斯先生：
>
> 　　非常感谢你，我的朋友。我知道你和总统都对我们在国内取得的胜利感到欣慰。我希望，将来有一天能够给你带来更多的好消息。
>
> 1942 年 7 月 3 日

沃尔特·埃利奥特先生在辩论中回忆起麦考利关于皮特执政的情况时，提到一个奇妙的史实："皮特在国家生死存亡之时担任国家首脑……但事实是，经过了八年战争，在牺牲了大量生命以及……花费了大量财富之后，皮特治下的英国军队沦为全欧洲的笑柄。他们简直没有一点拿得出手的战果。他们在欧洲大陆上所做的唯一一件事就是被打败、撤退，最终被迫登船逃回。"然而，麦考利又提到皮特总能得到下议院的支持。"尽管在那段漫长而艰苦的岁月里他多次在议会院墙之外遭受灾难，在议会内却总是频频告捷。最后，再也没有人反对他，甚至在 1799 年这样多事之秋的一年里，反对党们最多的一次也只能投出二十五张的反对票。""真是太古怪了。"埃利奥特先生说，"历史总会在某些方面重演。"在表决之前，他不知道结果竟然如此准确。我也非常诧异，二十五这个数字也恰巧就是托布鲁克陷落那天我在白宫对总统和霍普金斯所说的数字。

第二章
TWO
第八集团军绝处求生

奥金莱克及托布鲁克的防守——生死关头的往来电报——隆美尔率兵展开攻击——命悬一线的处境——混乱和投降——敌军战略全盘改变——第八集团军的撤退——隆美尔的追击——新西兰师的绝佳行动——空军的全力援助——为反攻所做的准备——奥金莱克固执己见——隆美尔停兵不前——第八集团军渡过难关

奥金莱克将军2月下达指令称，尽管托布鲁克是我军进攻时不可或缺的供应基地，但我们有可能被迫撤退，"一旦敌军占据有利的进攻形势，我不打算继续防守，倘若托布鲁克必然沦陷，我们应撤离此地，并对其进行最大限度的破坏"。这类指令下达之后，该地的防御工事一直没得到很好的维护。很多地雷被起出挪为他用。为了方便车辆通行，铁丝网上开了许多缺口。沙子几乎填满了反坦克战壕，部分地区的战壕已经无法阻挡敌军的坦克。整个阵地只有西面和西南面防守严密，其余地方，尤其是东部地区，防守脆弱不堪。可是那里却囤积了大量的补给物资，包括弹药和汽油。

里奇将军建议将托布鲁克西部防线纳入一直向东南方向延伸至阿德姆的总防线，并在更南的地方安插一支机动部队，用来阻止敌人的包围。他向奥金莱克报告，这一安排可能会令托布鲁克陷入敌人短时期的包围。倘若这一提议不被采纳，那我们便只能撤出托布鲁克的全部守军，别无他法。奥金莱克起初不同意这一方案。6月14日，他发电报给里奇："必须守住托布鲁克，绝不能让敌人得逞。因此，第八集团军必须守住阿克鲁马到阿德姆一线及南部地区。"随后，他又补充道："所有行动必须以守住托布鲁克和其他牢固据点为中心，但同时要竭尽全力避免第八集团军被敌人围困在托布鲁克。"

身在国内的我们丝毫没有意识到，前方的指挥官们竟然动过要撤出托布鲁克的念头。毋庸置疑，战时内阁的看法一定是，即便第八集团军被击退，我们也应该像去年一样，让托布鲁克成为留在敌人后方的肉中刺。为了进一步证实奥金莱克也有此看法，6月15日，我在前往华盛顿之前给他发了一封电报：

> 你承诺无论如何都不会放弃托布鲁克，这使我非常高兴。

关于这点，我在前文中曾经提到过。

次日，奥金莱克回电称，他不希望第八集团军被困在托布鲁克，但也绝不会放弃托布鲁克。他还给里奇将军下达命令，绝不能让第八集团军被围困在托布鲁克。

对我们来说，这一回复显得有些模棱两可。于是，我们明确提出要求："对于你发来的电报，战时内阁是这么理解的：倘若有需要的话，里奇将军将会留下尽可能多的兵力来保证托布鲁克的安全。"

6月16日，奥金莱克回电称战时内阁的理解完全正确。里奇将军正在调集他所认为的充足的兵力防守托布鲁克，即使该地短暂陷入孤立无援的境地也会继续坚守。

与此同时，他给里奇将军发去电报，内容如下：

> 尽管此前我已向你说明，绝不能让敌人包围托布鲁克，但我意识到，在我们有能力发起反攻之前，该地的守军可能会在短时期内处于孤立无援的状态。

如果当时就看到这封电报，我一定不会满意。

*　　*　　*

第二南非师师长克洛普将军奉命防守这个要塞。该地的物资和弹药足够九十天之用。克洛普将军相信托布鲁克会在计划中发挥应有的作用，该计划包括守住环形阵地外围阿德姆和贝尔汉穆德这两个坚固的据点。该地驻军包括四个步兵旅（十四个营）、一个坦克旅和六十一辆步兵坦克、五个由野战军和中型炮炮兵组成的团，以及约七十门反坦克炮。[①] 除此之外，还有约一万名后勤人员与运输人员集中在港口和基地设施周围。总而言之，我方在环形阵地内总共约有三万五千人，与一年前托布鲁克第一次被包围时的防守兵力相差无几。

* * *

停歇两天后，隆美尔于 6 月 16 日再次展开进攻。在一系列闪电般的轰炸之后，隆美尔攻陷了阿德姆、贝尔汉穆德和阿克鲁马。6 月 17 日，隆美尔在西迪雷泽格击败了我们的第四装甲旅，仅二十辆坦克幸存。19 日，托布鲁克被敌军包围，处于孤立无援状态，而且在增援坦克赶来之前，其外围也一直没有获得装甲部队的有效支援。6 月 20 日上午四时，敌军以大炮和俯冲轰炸机对第十一印度步兵旅所驻守的托布鲁克东南部阵地展开猛烈轰击。半个小时后，敌军以第二十一装甲师为先锋部队，在第十五装甲师、一个意大利装甲师以及机动化步兵师的协助下，展开全面进攻。由于我方在外围的装甲部队已被暂时击退，隆美尔便能够集中全部力量发起进攻。敌方攻击的主要目标是印

---

① 托布鲁克的战斗序列：
第二南非师
第四和第六南非步兵旅
从第一南非师调遣来的两个南非混成营
第七南非侦察营（装甲车）
第十一印度步兵旅
第二〇一警卫旅
第三十二陆军坦克旅（第四营和第七营）
第二和第三南非野战炮炮兵团
第二十五野战炮炮兵团
第六十七和六十八中型炮炮兵团

度旅的一个营，因为该营驻扎的地方防御力量最为薄弱。敌人很快便突破我方阵地。由于我们的空军已经撤退到距离很远的机场，因此战斗机无法从空中掩护我军。

克洛普将军命令坦克部队和部分科尔斯特里姆警备队进行反攻。但由于准备仓促而且行动时间不一，此次行动失败。所有残余的英国坦克都被赶到一个锅形地带，这一地带位于一个叫作"国王十字碑"的公路交叉点的东南方向，残余的印度部队正在此处同敌人决一死战。然而，一切都是徒劳。到正午时分，我方仅剩下几辆坦克，支援炮台也落入敌人之手。敌军坦克分别向西部和北部挺进，但主力却直驱"国王十字碑"。下午二时，隆美尔也到达那里。他命令一支部队直接向托布鲁克发起进攻，尽管这支部队在途中遭到我方炮火突袭，但还是于下午三点半抵达索拉罗山脊，下午六时便抵达托布鲁克外围地区。此外，隆美尔还派遣另一支部队从"国王十字碑"正西方出发，沿着山脊朝皮拉斯特利努挺进。没有人料到他们会从这个方向展开进攻，因此警卫旅在皮拉斯特利努仓促迎击敌人。

整个下午和晚上，警卫旅在我方火炮的强力支援下同敌军展开激烈战斗，结果损失惨重。我方的一些阵地失守，警卫旅总指挥部也被敌军占领，但到了傍晚时分，敌军却不得不停止进攻。此时形势十分危急。我方环形阵地的西线和南线完好无损，防守阵地最左侧的廓尔喀部队仍在坚持抗战。可是，托布鲁克要塞的大部分地区还是被敌军占领。由于所有后备兵力都被敌军牵制，我们便下令拆除那些岌岌可危的基地设施。托布鲁克市内储备的交通工具对我方残余守军的撤离十分重要，但我们无法调动这一储备，并准备在不久之后将其摧毁。

*　　*　　*

6月20日晚八时，克洛普将军向第八集团军指挥部报告："我方司令部已被包围。防守阵地的步兵团仍在顽强抵抗。我军仍在坚持抗战，但我不知道还能坚持多久。"他请求指示，得到如下回复："如果今晚无法突围，那么最好在明晚进行。"而后，克洛普召集高级军官开会，征求他们的意见。有人认为我军已经很难再进行有效抵抗，因为绝大部分供给物资都已落入敌军之手，弹药也日益紧缺，继续战斗只会造成重大伤亡。因此，应该下令让能够突围的军队全部突围。而另一些人则认为，应该坚持抵抗。因为可用来突围的运输工具已经全部落入敌军之手。此外，一支救援部队有望从南部赶来支援。因此，我们应该集中仅存的兵力在阵地的西南部坚持战斗，直到救援部队抵达。午夜二时，月色渐稀，即使此前还有可能从雷区突围，现在也已经变得不可能了。克洛普将军同里奇将军进行了一次无线电通话，克洛普将军在电话中说，形势如同"屠宰场"。倘若继续抵抗，将会造成大量伤亡；他正在"拼死抵抗"。里奇将军却告诉他："每一天每一小时的抵抗都对我们的作战计划大有裨益。我无法在战术上给予更多指示，所以是否投降只能由你自行判断……整个第八集团军都在关注着你们的英勇抵抗，而且对此钦佩不已。"

*　　　*　　　*

21 日黎明，克洛普将军派出谈判代表，要求投降；上午七点四十五分，德国军官来到他的总指挥部接受投降。许多部队接到克洛普将军的命令时，心中充满怀疑并感到沮丧，其中有一些部队甚至还未参与作战行动。对于他属下的一些指挥官，克洛普只能亲自下达指示，因为他们拒绝从其他渠道接收此命令。据德方记载，我方共有三万三千人被俘。尽管克洛普将军已下令投降，仍有若干支小部队违抗他的命令，多次尝试突围，但是由于缺乏交通工具，均以失败告终。只有一支人数众多的部队成功逃脱。这一百九十九名科尔斯特里姆警备队的官兵和一百八十八名南非士兵英勇无畏，他们搜集了一些卡车之后便集体出发，从环形阵地中突围而出，势如破竹，在夜晚降临时便抵达七十英里外的埃及国境线。

守卫部队等待救援的希望最终落空。第七装甲师当时正在南部的沙漠进行整编，他们在 20 日奉命派遣一支部队前去支援。可是，隆美尔行动太过迅速，我方援军还未出发，一切便已结束。

＊　　　＊　　　＊

德国人缴获我军大量物资。以下是隆美尔的参谋长所做的记录：

> 缴获的战利品相当可观。其中有足够三万人用三个月的物资以及一万多加仑的汽油。倘若没有这些战利品，我们的装甲部队在之后的若干个月就无法获得充足的军粮和衣物。我们只于 1942 年 4 月从海上运过一次物资，仅供部队一个月之需。

未经长期围攻便攻陷托布鲁克的消息彻底改变了轴心国的计划。隆美尔原计划在攻下托布鲁克之后，驻扎在埃及边界，继而用空运和海运部队攻下马耳他。直到 6 月 21 日，墨索里尼还在反复强调这些命令。托布鲁克沦陷的次日，隆美尔向上级报告，说他准备肃清残留在边境线上的小股英军，并以此作为打开埃及的突破口。隆美尔的部队形势正好，士气正旺，且刚缴获了大量军需物资。而英军此时则处于不利地位，所以应继续向"埃及的心脏进发"。他请求上级批准这一计划。与此同时，希特勒也来信向墨索里尼施压，要求其批准隆美尔的计划。信件内容如下：

> 在这场战争中，命运给了我们一次绝无仅有的机会……第八集团军实际上已经被消灭。托布鲁克港口的设施仍基本完好。领袖，您现在获得了一个辅助基地，由于英国人在那里修了一条几乎通到埃及境内的铁路，因此，它的意义更为重大。上次英军已经没有希望获得成功，可他们却几乎进抵的黎波里，只为派兵到希腊去才突然停下来。如果现在我们

不乘胜追击，彻底歼灭英国第八集团军的残余力量，那么，同样的事情即将再次发生。

战争之神只会眷顾勇士一次，若此刻不能紧紧抓住她赐予的良机，那么将会永远地错过……

领袖是不需要别人来说服的。在征服埃及的野心的驱使下，他把突袭马耳他岛的计划推迟到了9月初，而隆美尔——这时已出乎意大利人的意料被提拔为陆军元帅——奉命攻占阿拉曼和卡塔腊盆地之间相当狭窄的通路，作为以苏伊士运河为最终目标的一系列军事行动的出发点。凯塞林则有不同的看法，他认为，除非能够夺得马耳他岛，否则轴心国在沙漠的局势永远都无法稳定下来，因此他为计划的改变感到震惊。他向隆美尔指出了此次"有勇无谋的冒险"的危险性。

*　　　*　　　*

希特勒本人对此次针对马耳他的行动没有信心，因为他怀疑即将作为远征主力的意大利军队的能力。攻击很有可能失败。不过现在看来，托布鲁克令人痛心的沦陷，无疑也使其免遭一场极大的灾难。一个真正的军人，不论他是否曾参加过这次战斗，都不会为这句话感到宽慰。战败的责任应由最高统帅来承担，而非克洛普将军，更不该怪罪他手下的士兵们。

里奇将军已经证明他不仅是一位有能力的参谋，还是一位果敢的指挥官。尽管如此，将他从奥金莱克将军的副参谋长职位调任第八集团军司令官却是一项糟糕的决定。这两种角色截然不同，应该彼此分开。他和奥金莱克的私人关系，使他没有机会发挥指挥激烈战斗时必不可少的独立思考能力。由于意图不清、职责界限不明，奥金莱克和他的参谋里奇将军共同导致了兵力上的使用不当，就其性质和后果来说，称得上是大英帝国军事历史上不幸的一页。我们当时无法对这件事情进行判定，因为托布鲁克的指挥官们都已经成了战俘。但既然现在这件事已经尽人皆知，真相也就不应再含糊下去了。

*　　*　　*

第八集团军的残余部队已经撤回埃及境内。在 6 月 21 日的一封电报中，开罗的中东防务委员会阐述了他们所能采取的其他方案：

> 第一个方案是在边境防御阵地作战，由于缺乏足够的装甲部队，我们有可能面临着损失防守边境阵地的全部步兵的危险。第二个方案是利用机动部队在边境线上拖延敌军，同时将第八集团军的主力部分撤回马特鲁阵地进行防守。配合空军的牵制行动，我们将有很大的机会争取到足够多的时间，从而重新整编出一支强有力的进攻部队……我们决定采取第二种方案。

我并不喜欢这个决定，并从华盛顿发出下面的电报：

首相致奥金莱克将军：

　　1. 帝国总参谋长迪尔和我都热切地希望你们能在塞卢姆边境线上坚持抵抗。敌人无疑遭受了巨大的压力，极为关键的增援部队也在赶来途中，争取一周的时间有可能会发挥决定性作用。我们并不清楚新西兰师布防的具体时间，但预计月底前就可以完成。第八装甲师和第四十四师即将到达。史末资元帅认为如果北部压力减轻，你可以从第九和第十师自由抽调兵力，我们同意这一建议。这样一来，你就可以用现在驻扎于苏伊士运河以东的三个师轮番发起猛攻。

　　2. 你报告的消息当然令我深感不安，这意味着我们可能会回到十八个月以前的境地，其间所有的工作都要重新开始。然而我并不认为我们不能有效防守尼罗河三角洲；同时，我

希望敌人对我们的猛烈进攻没有让任何人就此消沉。我深信，凭借着你们的毅力、决心和为冒险所做的长期准备，再加上即将到达的大批援军，形势一定会有所好转。

3. 华盛顿方面，总统对发生的一切深有感触，他和其他美国高级官员都表示愿竭尽全力为我们提供帮助。他们授权我通知你，曾在加利福尼亚受过沙漠作战特殊训练的美国第二装甲师部队将会在 7 月 5 日左右开往苏伊士运河，8 月即可与你并肩作战。你无须按原计划将印度师和第二百八十八印度装甲旅送回印度。除了参谋长在电报中提到的之外，我们还将采取其他措施将原定运往印度的飞机转至利比亚战场……

4. 目前你的主要工作在于鼓舞你所有的部队坚持抵抗，不要接受那些因被隆美尔的少量装甲部队吓到而产生的反常决策。一定要让你的全部兵力都在这个危急关头充分发挥作用。英王陛下政府时刻准备与你共同作战，共同承担积极勇敢的防卫的责任。

1942 年 6 月 22 日

然而，奥金莱克将军还是坚持己见。

*　　　*　　　*

隆美尔迅速组织了反击，并于 6 月 24 日进入埃及境内，途中仅遭到我们的小股机动部队和皇家空军顽强优秀的战斗机中队的抵抗，这些战斗机中队确实有效地掩护了第八集团军向马特鲁撤退。但第八集团军在马特鲁港的阵地并不坚固。尽管城镇附近有防御体系，但南部却只有几道互不相连并且防御力量薄弱的布雷区。正如已经放弃的边境线一样，想要成功守住马特鲁防线需要派一支强大的装甲部队在南翼防守。重新整编后的第七装甲师已经有了近百辆坦克，但还是难以胜任这项任务。

奥金莱克将军于 6 月 25 日到达马特鲁阵地，并决定接替里奇将军亲自担任第八集团军的指挥官，早在 5 月我向他这么要求时他就应该这样做了。

> 首相致奥金莱克将军：
>
> 　　我很高兴你已接掌指挥权。除了战斗以外不要为任何事分心。无论何种情况都要勇于迎击。最重要的是摧毁敌人的武装部队和装甲部队，强大的援军即将到达，我们确信你将获得最后的胜利。
>
> 　　　　　　　　　　　　　　　　　　1942 年 6 月 28 日

很快，奥金莱克将军便得出结论：马特鲁港已经很难守住。他早已着手安排占领后方一百二十英里处的阿拉曼阵地。为了阻挠敌人的推进（即使是暂时的），他做出了如下部署：第十军会同第十印度步兵师和英国第五十步兵师扼守马特鲁防线。南部是第十三军指挥下的第二十九印度步兵旅与新西兰师共同防守的布雷区之间的一个六英里宽的缺口。第一装甲师和第七装甲师防守沙漠侧翼。

6 月 21 日，从叙利亚调到马特鲁的新西兰师最终在明卡凯姆周围的山脊上投入作战。当天晚上，敌人突破了布雷零散的第二十九印度步兵旅防区。翌日凌晨，敌人从这个缺口蜂拥而入绕到新西兰师的背后，从三个方向围攻他们。经过了一天殊死的战斗，新西兰师似乎注定要被消灭。弗赖伯格将军已身受重伤，但是他有一位可敬的后继者，英格里斯准将决定率军突围。午夜刚过，第四新西兰旅将各营分散，枪支上好刺刀，穿过田野向正东移动。他们走了一千码，没有遇到任何敌军。之后，他们突然开火。整个旅有序展开进攻，德国人措手不及，最终在月光下的白刃战中被击溃。新西兰师的其余部分则迂回向南突击。隆美尔是这样描述这段战事的：

随之而来的滚滚炮火席卷了我自己的战地司令部。我们和新西兰师之间对射的炮火达到了惊人的激烈程度。很快，我的司令部周围全是燃烧着的车辆，也因此成为对方持续近距离炮火攻击的目标。过了一会儿我再也坚持不住了，下令部队和司令部人员向东南方向撤退。那一夜的混乱程度简直难以想象。

新西兰部队全部顺势突围而出，整个师在八十英里之外的阿拉曼阵地附近重新集结起来，他们秩序井然，士气高昂，有条不紊，很快就投入阿拉曼阵地的防守战。

首相致弗赖伯格将军：

　　听闻你又添了新伤，但却赢得了新的荣誉，这令我十分感动。希望你的伤势并不严重，很快就能回去重新指挥你那辉煌的师。祝你和你的士兵一切顺利。

1942 年 7 月 4 日

＊　　＊　　＊

防守在马特鲁周围的第十军的两个师虽然经历了重重困难，但最后仍转危为安。6 月 27 日，他们曾在南部阻挠敌军突围，但以失败告终。敌人继续向前挺进，对沿海道路构成威胁。第十军奉命向东撤退。他们一路奋战，最终被一支敌军拦截。而后，他们向南进攻，穿过沙漠到达阿拉曼。第三十军早已撤至阿拉曼。他们在那里同第十军和第十三军会师。6 月 30 日，会师后的整个军队被依次部署在新战线及战线的后方。与其说军队士气低迷，不如说是惊吓过度。

＊　　＊　　＊

在这次动乱中，凯西积极应对，而且给予了很大的帮助。我要求他掌握后方及处于水深火热之中的开罗的战况。

首相致国务大臣：

　　你在这一危急形势下和指挥官的人事变动中发挥了重要
作用（我一直都希望和主张进行这些人事变动），我希望你
能知道，我对此充满无限感激。当奥金莱克在前线奋战之时，
你应该坚持动员所有后勤力量为战斗而准备。每一个士兵都
必须竭力奋战，就好像肯特郡和苏塞克斯郡都遭到侵占一样。
配备黏性炸弹和炮弹的反坦克小组应当拼死防御每一个要塞
地区或每一栋坚固的建筑物，使每一个据点成为胜利的据点，
每一道壕沟成为最后的壕沟。这是你必须努力向士兵们灌输
的精神。不准全面撤退，不准苟且偷安，必须不惜一切代价
守住埃及。

1942 年 6 月 30 日

　　我也明白，倘若没有空军的全力支援，第八集团军难以安全有序
地逃脱。空军一直从前方的机场起飞作战，直到这些机场落入敌军之
手。而今，空军终于能够从设施完备的埃及基地出发迎击行进中的
敌军。

首相致特德空军中将：

　　我们在国内热切地关注着皇家空军在当前的埃及战争中
所做出的卓越和无可比拟的努力。你的士兵在保卫尼罗河谷
的英勇战斗中发挥了关键作用；而关于此种情况的报告从四
面八方发到我处。不列颠战役又在远离本土的地方再次打响。
我们确信，你将永远是这些光荣的军队的朋友。

1942 年 7 月 4 日

＊　　＊　　＊

阿拉曼阵线从阿拉曼车站一直向南延伸到无路可通的卡塔腊盆地，长三十五英里。对于现有守军来说，这条防线非常长。我们已经做了大量工作，可是，除了围绕在阿拉曼阵地的临时性防御工事之外，整条战线几乎没有完整的防御工事。两翼却较为安全，第八集团军获得强力支援；新西兰师在打完那场漂亮仗之后秩序井然；第九澳大利亚师也很快到达，而且声誉极高。凭借短程通讯以及距离亚历山大港仅有四十英里的优势，第八集团军很快完成重组。直接指挥战役的奥金莱克，与之前那个兼顾决定性会战和远在叙利亚、波斯的潜在危险的深谋远虑的战略家判若两人。他想立刻获得战术上的主动权。早在 7 月 2 日，他就展开第一次反攻，而且这一系列反攻一直持续到 7 月中旬。而这对仅有微弱优势的隆美尔来说是一种挑战。在战争进行的同时，他们还对不信任投票进行了辩论，在此之后，我向他致电以资鼓励。

首相致奥金莱克将军：
　　对于当前形势的发展，我喜不自禁。如果运气好的话，我相信，你将会力占上风，正如你所说的一样，"毫不留情"地力占上风。

1942 年 7 月 4 日

＊　　＊　　＊

一个南非指挥官率领下的南非师在托布鲁克投降，这在政治上和军事上对史末资元帅造成了严重打击。

首相致史末资元帅：
　　1. 上周从美国回来之后，我便一直受到信心不足的下议

院同僚的烦扰。因此，我直到现在才有机会对你率领的英勇的南非师遭受的惨重损失表达深切的悲痛之情，并对你激励南非从此次重创中重铸士气的不屈不挠的精神感到钦佩。

2. 多年来我们同甘共苦，想法也总是不谋而合。因此，对于过去三周发生的诸多不幸，我无须一一赘述。但我仍然希望一切都有挽回的余地。罗斯福总统支援了我三百辆最先进的"谢尔曼"式坦克，其性能比"格兰特"式优越得多，此外还有一百门一百零五毫米的榴弹炮，以作反坦克武器之用。这些装备预计于9月初运抵埃及。总统还支援我们一百多架"解放者"式飞机，7月可以运达。从英格兰出发的两个重型"哈利法克斯"式轰炸机中队将在十天之内投入战斗。另外还有六十架美国战斗机也正越过大西洋，经由塔科拉迪运至埃及。所有这些都是常规空军援助之外的增援。你也许知道，第八装甲师目前正在登陆。他们有三百五十辆坦克，其中大部分是"瓦伦丁"式。英国第四十四步兵师将于7月23日登陆，第五十一师则在之后的一个月登陆。这些兵力是否能起到应有的作用，将取决于阿拉曼当前的战况。

1942 年 7 月 4 日

史末资元帅镇定自若，他时常对命运的变幻无常沉思。没有人比他更清楚该怎样对待胜利和灾祸，他一向将这二者同等对待，从不因胜喜，也不因败悲。

史末资元帅致首相：

昨天您从中东传来令人振奋的好消息，预示着阿拉曼战场的局势大有改观，这是我这些天里最快乐的一天。我认为隆美尔在战事上过于自信，倘若奥金莱克一直亲自指挥下去，不仅托布鲁克之仇可报，我们的反攻甚至可以直抵的黎波里，从而解救埃及和马耳他岛。您所提到的增援部队将会对这项

伟大的事业大有裨益，我希望不要将这些援军转移到其他战场。这样一来，不仅可以保证埃及的安全，而且还将为反攻轴心国而建立起的基地发挥重大作用。我相信这也将粉碎德国人妄想通过叙利亚获取伊拉克石油的阴谋。由于隆美尔做出眼高于顶的决策，所以，我相信我们已胜利在望。

　　奥金莱克可能会遇到许多重大困难。在长距离的撤退中，他的运输工具已严重受损。敌军将设法破坏输油管和铁路以阻挠其前进，与此同时，敌军也在等待援军的到来。然而，我们不但拥有空中优势，还对敌军港口和交通线进行了无休止的轰炸，这都将发挥其应有的作用。

　　因为美国目前是我们对敌人进行最后打击的重要战略后备力量，所以您应当花费大量时间明智地引导华盛顿方面在战争中做出努力，而且不能让重要的战争指挥权旁落。我认为从目前看来，您在这方面所做的努力至少不亚于在帝国战争中所做的贡献。您同罗斯福总统一直保持着联络，这也是当前一项宝贵的战争资产。我希望您能让下议院的那些目光短浅、信心不坚的同僚认识到这一点。

1942 年 7 月 7 日

＊　　＊　　＊

首相致弗雷泽先生和柯廷先生①：

　　你同意留在中东地区的那个师正在西部沙漠战场英勇奋战。在战争这一关键时刻，他们为新西兰军队带来了新的荣耀。

　　……在这场难以预料的灾难中，我们被迫从加柴拉撤至

---

　　①　单独给柯廷先生的电报：我很高兴看到第九澳大利亚师正在西部沙漠作战，也十分感谢你让他们参加这一战略要地的战斗。

阿拉曼，同时还失去了托布鲁克，并牺牲了五万士兵的性命。目前，这一切都暂时停息。奥金莱克将军已经获得强大支援，因此，他的士兵达到了十万人；除此之外，在他们后方不远的尼罗河三角洲还有两万士兵随时待命。这样一来，他的兵力在人数上是隆美尔的两倍。他的大炮也绝不少于隆美尔，只是在装甲部队上略有逊色。所以，他必须慎重行事，其原因有二：第一，如果奥金莱克败退，那么后果会比隆美尔败退严重得多，因为隆美尔后方除了沙漠一无所有；第二，正前去支援奥金莱克将军的军队，其力量远比敌方的援军强大。

非常幸运的是，我在四个月前就从罗斯福总统那里获得了一批船，以便把另外四万名士兵运至东方。可是，直到绕过好望角才能确定这些部队的目的地。如果没有这批船，我们就无法获得这批援军；目前，从战争所造成的危害来看，我们非常需要这批援军。

在华盛顿时，我获得了总统从美国陆军拨出的三百辆最先进、性能最佳的"谢尔曼"式坦克。这批坦克是从急需坦克的美国陆军的手中得来的，而且在专门护航队的护卫下直接运往苏伊士。与此同时，运往苏伊士的还有一百门一百零五毫米口径的自行榴弹炮，其性能远胜于八十八毫米口径的自行榴弹炮。这些全部由大批美国重要人物护送。所有装备将于9月初到达。除了第八装甲师以及正在前线作战的两个装甲旅和一个陆军坦克旅之外，我方还有正在尼罗河三角洲等待装备更新的四个装甲旅，其中几乎有半数人受过沙漠坦克作战训练。因此，我们能把最强大、受过最好训练的装甲部队投入战斗，这支部队在中东甚至全世界都无与伦比。但是，我希望这个问题能尽早按照我方意愿加以解决。在埃及北部可能遭遇危险的情况下，这项事宜显得尤为迫切。

总统在托布鲁克沦陷之后承诺对我们进行空中援助也同等重要。你也知道，虽然中东战场一直要求重型轰炸机支援，

但是技术和军事方面的原因，迄今为止我们对此仍是无能为力。然而，总统现在却援助埃及一批"解放者"式重型轰炸机，其中有二十架在炸毁罗马尼亚油田之后正赶往印度，十架已经到达，还有三十五架正从美国赶来。如果加上我们原有的轰炸机，本月内可有八十五架"解放者"式重型轰炸机投入战斗。与此同时，我方的两个"哈利法克斯"空军中队也将很快加入战斗。这样一来，总共有一百二十七架重型轰炸机。而这些轰炸机也是我赖以袭击托布鲁克和班加西港口、牵制隆美尔援军的重要军事力量。当然，轰炸机还可发挥其攻击舰队的作用，阻止敌军从海上入侵埃及。我们打算为重新补给马耳他而做准备，但是由于这些计划与未来军事行动相关，我相信你们并不希望我对其进行详谈。

除此之外，即使在沙漠战场失利，我们也已做好防守尼罗河三角洲的一切准备。我们有大批士兵驻守在这里，他们均已奉命参加埃及保卫战，他们也将竭力奋战，就像英国遭受敌人入侵一样。毫不夸张地说，由于长期耕种和灌溉，尼罗河三角洲几乎成为世界上最不适合装甲车作战的地方，而且装甲装备也无法在此地发挥其原有的优势。所有撤退的想法都遭到压制，我们目前打算为争取每一寸土地而战斗到底。然而，正如我之前所说的那样，我认为这种情况并不会出现。

在这艰难困苦的日子里，下议院以坚如磐石般的态度来面对，正如当年反抗拿破仑战争一样；你的政府和人民向我们致以美好的祝愿，我也因此而备受鼓舞。我从来没有如此确信，最后的胜利一定属于我们。但是，这将是一场长期的战斗，我们一刻也不能放松。

1942 年 7 月 11 日

*　　*　　*

　　隆美尔确实已用尽一切交通设施，且他的士兵也精疲力竭。仅有十二辆德国坦克还能继续战斗，而英国的空军优势，尤其是战斗机方面的优势，再度突显出来。7月4日，隆美尔在报告中说，他正打算停止进攻，暂时转攻为守，以整顿和补充兵力。不过，他对夺取埃及仍有信心，墨索里尼和希特勒也持同样看法。实际上，德国元首是在既未征求意大利人的意见，也没有咨询他自己的海军指挥官的情况下，就一意孤行地将马耳他进攻计划推迟到征服埃及之后的。

　　7月上旬，奥金莱克的反攻对隆美尔造成了巨大压力。后来，隆美尔接受了此项挑战。从7月15日至7月20日，他为突破英国防线进行了诸多尝试。到21日，他不得不报告说，他已受到阻截，"危机仍然存在"。7月26日，他打算撤至国境线。隆美尔抱怨道，他几乎未得到任何补给，兵力、坦克和大炮也比较匮乏，而英国空军却十分活跃。到7月底之前，战争一直呈拉锯状态，双方都毫无进展。奥金莱克指挥下的第八集团军已经渡过难关；经过顽强抵抗，第八集团军俘虏了七千名敌军。埃及依旧安然无恙。

第三章
THREE

"火炬"作战计划的
决定

需同美国就战略决策达成一致——指挥官人选——关于密码代号的说明——我要求加拿大的麦克诺顿将军研究"朱庇特"计划——华盛顿弥漫着紧张的气氛——代表团抵达——"总司令富兰克林·罗斯福"——7月18日，在契克斯召开三军参谋长会议——"体育家"作战计划改名为"火炬"作战计划——我出发旅行

　　这个7月，我处于政治生涯的低谷期，军事方面也毫无进展，我不得不接受美国方面提出的关于未来两年的战略决议，好坏暂且不论。这意味着我们要放弃1942年横跨英吉利海峡的所有计划，令大批英美联军于同年秋季或是冬季占领法属北非。过去一段时间以来，我认真研究了总统的思维习惯和他对各种事物的不同反应，我确信他对北非计划非常感兴趣。1941年11月，我已在文件中提到这一计划，这也是我一直都想达成的目标。我们英国方面的人士都认为，1942年横跨英吉利海峡的行动将会失败，大西洋两岸的军事家们也没有人打算推荐这一计划或为此负责。英国方面现在普遍认为，横跨海峡行动在1943年之前无法实现，但应以最大的努力和热情继续为此行动做准备。

　　6月11日，战时内阁达成一致：尽力加快"痛击"行动——袭击布雷斯特、瑟堡的行动——的准备工作，但要以"除非胜券在握，否则不予采取此次行动"为条件。7月初，三军参谋长再度对当时的情况进行了研究。7月2日，他们拟出一份备忘录，对战时内阁之前讨论的情况提出了意见。三军参谋长提到："在6月11日的战时内阁会议中，首相已经建议，并经内阁全体同意，1942年的作战计划应严格遵守以下两项原则进行：1. 除非我们准备登陆并坚守阵地，否则1942

年不在法国进行大规模登陆；2. 除非德国因对苏联作战失败而士气大减，否则不在法国进行大规模登陆。在我们看来，以上条件都不可能实现。"由此可见，今年"痛击"行动实施的可能性并不大。

因此，简化政策十分必要。"痛击"作战行动已经失效，现在是时候放弃这一计划了。在全体同僚及三军参谋长的支持下，我尽力用最简单明了的文字向总统说明这一情况。

前海军人员致罗斯福总统：

1. 英国陆军、海军或空军的负责将领都不认为可以在1942年实施"痛击"作战计划。三军参谋长报告，"令'痛击'作战计划成为一次健全、合理的行动的条件很可能不会出现"。现在他们正把报告递交给贵方的三军参谋长处。

2. 为了迷惑敌人，我们已开始向船只装载物资，不过这样做会使英国减少二十五万吨左右的进口。但据蒙巴顿称比这更严重的是，如果我们中断军队的训练，除了损失登陆艇之外，"围歼"作战行动或1943年"波莱罗"作战行动要向后推迟至少两到三个月；即使作战行动无法取胜，军队在短暂停留后撤退也会造成同样的损失。

3. 假如我们获得一个据点，那么就需要不断对它进行补给以守住该据点，因此对德国的轰炸力度就必须大大缩减。我们需要集中一切力量保卫滩头阵地。因此，即使1943年实施大规模作战的计划未取消，其实施的可能性也会大大减小。我们的所有资源都要一点一点地用到这个非常狭小但得天独厚的阵地上。因此，可以这样说，1942年这次未成熟的、可能会导致灾难性后果的行动肯定会妨碍1943年那场组织良好的大规模行动的执行。

4. 我本人确信，目前法属北非战役（"体育家"行动计划）是1942年减轻苏联前线压力的最好机会，这跟您一直以来的想法相一致。确切地说，这是您的主导思想。这才是

1942年真正的第二战场。我已与战时内阁和防务委员会商量过此事，大家看法一致。这会是今年秋季可实行的最保险、最有成效的一次行动。

5. 当然，我们可以通过各种方式进行支援，比如，将美国或英国的登陆军队从联合王国转移到"体育家"行动的战场，同时提供登陆艇和船只等。如果您愿意的话，您可以从这里抽调部分军队，其余的可直接横穿大西洋展开行动。

6. 有一点我们必须清楚：我们不能指望受到维希的欢迎或是得到他的任何保证。但是，任何抵抗都无法与德军在多佛尔海峡进行的抵抗相比。事实上，这种抵抗也许只是象征性的。你越强大，所遇到的抵抗也就越小，克服起来也就越顺利。与其说这是一个军事问题，不如说是一个政治问题。在我看来，在如此关键的一年，我们绝不应该放弃这次在西线战场上的绝无仅有的伟大战略行动。

7. 除此之外，我们正竭力研究在挪威北部采取行动的可能性，若在北部行不通，就换成挪威的其他地方。由于我们的舰队面临着被敌方岸基空军力量打击的危险，此次行动难度极大。我们在向苏联派遣船队方面遭遇了巨大的困难，但是更需要做的是设法排除障碍，与苏联保持联系。

1942 年 7 月 8 日

＊　　　＊　　　＊

所有这些均牵涉到指挥官的人选问题，于是，我又向罗斯福总统发去两封电报。

前海军人员致罗斯福总统：
　　我们深入考虑过最大规模的"波莱罗"行动（横跨英吉利海峡作战行动）的指挥官人选问题。如果马歇尔将军能在

1943 年担任这项至高无上的任务的指挥，我们将感到十分欣慰。对于他，我们将支持到底。

战时内阁授权于我，让我将上述意见转述给您。

1942 年 7 月 8 日

总统先生，我希望您在为"波菜罗"行动任命指挥官时，不要影响随后即将展开的作战行动，比如"体育家"行动。

1942 年 7 月 8 日

另外一件事是，我们需要整理作战计划代号。由于事态在不断变化之中，各种计划代号充斥在一起实在混乱不已，而且有些代号已经过时。重订行动代号有助于我们理清思路、提高效率。

前海军人员致罗斯福总统：

我们需要对行动代号进行说明。在我们英国人看来，"波菜罗"计划指的是 1942 年和 1943 年对欧洲大陆展开作战行动所必需的大规模安排。英美参谋长联席委员会也正是在这一认识的基础上开展工作。这些委员会不是执行部门，而是行政部门。对于您在谈话中提到的"三分之一的波菜罗"行动，我们则称之为"痛击"行动。1943 年的行动被称为"围歼"行动。我并不是很喜欢这个名字，因为它听起来不是太过自信就是太过悲观。可是，这个代号已经被广泛使用。请告诉我您对此有何看法。我认为，你我所说的"体育家"行动就是你们的参谋们所说的"半体育家"行动的变体，我也用"朱庇特"来代指我们在挪威北部展开的行动。

1942 年 7 月 6 日

*　　*　　*

我仍然对"朱庇特"行动抱有希望，但我们却未制订任何详细的计划。我认为，此次行动可为加拿大军队赢得一个光荣的机会，两年来他们一直在英国焦虑不安地备战。于是，我与麦克诺顿将军在契克斯的公园就此问题进行了一次长谈，我一直很赞赏麦克诺顿将军，他在加拿大政府有着很大的影响力。我全面、详细地向他讲述了当前的形势，并询问他是否需要亲自审查方案、制订计划，我们的技术部门将尽力为之提供一切帮助。他表示同意，并答应会尽力而为。

> 首相致帝国总参谋长和参谋长委员会：
> 　　应将"朱庇特"行动的初步研究和计划制订任务委托给麦克诺顿将军，参谋长机构应提供一切必要的帮助。从气候条件看，加拿大军队理应担当起重任，如果此次计划可行的话。至于是否采用这一计划，暂不做决定。
> 　　　　　　　　　　　　　　　　　　　1942 年 7 月 8 日

很长一段时间，我都没有收到麦克诺顿将军的消息。罗斯福总统就代号问题进行回复，回复内容显示出他对其中所涉及问题的理解是多么清晰而深刻。他提出以下三点建议：

1. "波莱罗"一词用于指代将美军调入欧洲战场所做的准备，即在那里接待美军所做的准备，以及为支援美军在欧洲大陆战场作战，对其所需装备和供应品进行的生产、装配、运输、接收和储藏等。
2. "痛击"一词用于指代英美军队在 1942 年对欧洲大陆发起的一次进攻；在德军内部崩溃，或者在苏军即将瓦解之时应当开展这一进攻。倘若苏军即将瓦解，我们就有必要发动这一紧急进攻，以调离苏军战线的德军。

3. "围歼"一词，或者您所乐意使用的其他任何名称，用于指代英美联军于 1943 年以及之后对德国在欧洲的占领区所发起的一次进攻行动。

因此，我向三军参谋长发去一份备忘录：

首相致霍利斯准将：

我担心的是，改变"围歼"这一名称会让美国人误以为目标有变。所以，我们必须继续使用这个自夸的、不恰当的代号，但愿它不会带来厄运。

我认为，我们最好不要改变总统的措辞。我们现在并不是在处理政策问题，而是在讨论代号的命名问题而已。

先照此拟订方案，征得美方同意之后再予以公布。

1942 年 7 月 15 日

* * *

在采取重大决策前夕，我致电总统，表达我的主要想法。

前海军人员致罗斯福总统：

我极其渴望您能了解我当前的处境。如今，没一个人认为"痛击"行动可行。我很想看到您能尽快实施"体育家"行动计划，我们也应同苏联一起争取共同执行"朱庇特"行动计划。与此同时，我们应全力为开展 1943 年"围歼"行动做好一切准备，这样我们才能抵御来自英国对岸的敌军最大规模的进攻。所有这一切，我都了然于心。

1942 年 7 月 14 日

＊　　　＊　　　＊

但是，在为作战行动做出最后决定之前出现了一段小插曲，美国指挥作战的最高领导人之间的关系变得日益紧张。马歇尔将军和金海军上将之间的分歧之大就如同欧洲与太平洋之间的距离。他们二人都无意进行北非冒险行动。在这种僵持的情况下，总统对北非战役的兴趣却日益浓厚。迪尔陆军元帅的人品使他赢得了所有反对派的信任，他的机智也得到了他们的称赞。在与迪尔的通信中，我详细说明了工作的进展情况。

首相致迪尔陆军元帅（华盛顿）：

1. 我已将参谋部的完整文件空运给你。你要特别注意蒙巴顿将军的笔记，其内容表明"痛击"计划将导致"围歼"计划遭受致命损伤。除此之外，没人能够解决"痛击"行动计划自身存在的问题。

2. "体育家"行动是美军在1942年袭击希特勒的唯一策略。如果"体育家"行动大获成功，那么我们将对意大利造成威胁，而德国则不得不撤离在苏联作战的重要空军部队。"体育家"行动并不妨碍我们为"围歼"行动而进行的大量准备和训练活动，它唯一的影响是六个美国师将全部从"围歼"行动中撤离，但新的美国师将取而代之，而且他们会在运输计划完成之前准备就绪。

3. 可是，如果罗斯福总统决定不采取"体育家"行动，我们也只能就此作罢。此次行动只能由打着美国旗号的军队执行。若是如此，我们一定会失去作战的绝好机会。我们两国将在1942年这一年按兵不动，集中一切力量为1943年的"围歼"行动做准备。

4. 在这种情况下，根本找不到把美军力量转移到（太平

洋地区）的理由，而且我认为，这种做法很难得到他人的
认可。

1942 年 7 月 12 日

那些聚集在白宫参与决策的人都认为，唯有访问英国才有望取得
一致意见。我了解到，总统打算派遣他最信任的朋友和军官前来英国。

迪尔陆军元帅致首相：

马歇尔将军与霍普金斯和金一起于明晚离美赴英。

总体而言，反对"体育家"计划的原因如下：

1. 需要从太平洋地区调遣海军部队，尤其是航空母舰，
而您也知道，此时美国在太平洋地区也急需这些装备。

2. 需要开辟新的海上交通线，而美军又要执行其他任
务，兼顾二者颇有困难。

3. 在卡萨布兰卡登陆并不容易，那里的维护设备也比较
匮乏。只在卡萨布兰卡发动进攻并不会威胁到敌军在苏联战
场作战；如果对地中海内部展开袭击，比如阿尔及尔，甚至
比塞大，就过于冒险了，特别是考虑到轴心国能够轻而易举
地切断通往直布罗陀海峡的交通。

4. "体育家"行动将会衍变成一项巨大的任务，甚至可
能将 1943 年"围歼"计划实施的可能性毁于一旦。

太平洋作战的大致计划已提交给总统……

所有这些行动不仅会占用原本用于"波莱罗"计划的全
部船只，还将导致调往英国的美国空军减少三分之二左右。
很显然，在太平洋地区采取冒险行动并不会直接缓解苏联方
面的压力，却会推迟对日作战的决定性胜利的到来。

毫无疑问，马歇尔依然坚持他最初的计划，但他认为，
欧洲行动的背后并没有真正的推动力量。会议一场接一场，
讨论一次接一次，时间随之流逝。德国今后再也不会如今天

这般在东方战场忙得不可开交，如果我们不好好利用这次机会，到时就会发现我们在西方战场所面对的德国是如此强大，再想要发动任何进攻都只是天方夜谭。到时候，我们还可继续和敌人进行空战，但取得关键性胜利的机会早已不再。我认为，马歇尔会相信，一个成功的商人在面临着要么大发其财要么行将破产的两难选择时，他绝对会千方百计地力求致富，而且很可能成功。

金将全部力量都集中在抗日上。

我有一种感觉（依据的是美方的想法，即太平洋将替代"波莱罗"，而且其渴望建立一支七百万人的陆军）：美国的一些重要人士认为，不可能出现比与德国僵持下去更好的局面了。

我可否向您提几点建议：请务必令您的拜访者相信您有击败德国的决心；您将尽早在欧洲大陆发起攻势，即使规模有限；您绝不支持任何损害此次行动的行为。马歇尔认为，您最中意的是"体育家"行动，正如他最中意的是"波莱罗"行动；如有一丝风吹草动，您就会回到之前的想法。除非您让他相信，您将坚定不移地支持"波莱罗"行动，否则我们当前所达成的策略将被抛弃一空，美国也将撤军转战太平洋战场。如此一来，从美军方面得到的援助将非常有限，我们得靠自己全力抵抗德军。

1942 年 7 月 15 日

*　　*　　*

罗斯福总统意识到，如今反对"痛击"计划的呼声高涨。如果他在发来的电报中首先谈及这一计划，那就等于是告诉马歇尔将军将有大把机会实施这一计划。但是，如果无人愿意接手此事，该怎么办？美国总参谋部的意见是："如果今年在欧洲不能有所作为，倒不如把力量集中于对抗日本，那么美国陆军和海军不仅能统一意见，马歇尔将军和金海军上将也将不再针锋相对。"7月15日，英国下议院激烈地辩论是否要进行不信任投票，这时奥金莱克保卫战正处于胜负攸关之时，这一天还是"白宫非常紧张的一天"。我们听说"美国三军参谋长现在处于'爱干不干'的情绪之中"，美国总统说，这简直就与"想干啥干啥"无异。当然，这些通俗用语暗指："如果英国在1942年不实施或无法实施'痛击'计划，我们就撤离欧洲战场转而集中力量攻打日本。"总统说，这实际上等于放弃了欧洲战场。而马歇尔将军或金海军上将是否持同样看法，我们无从得知。但在美国参谋部的二级权威参谋人员中却涌动着这样强烈的情绪。所幸的是，总统严厉抵制并清扫了这类致命的思想倾向。

总统的第二信念是，美国陆军在1942年必须对德国作战。那么除了法属北非，还能在其他什么地方作战呢？史汀生先生说："这是他在当前的战争形势下所产生的个人想法。"要让争论结果和总统的意向最终都归于这样的结论，实在是一个不愉快的过程。三周前，我前往华盛顿访问，目的就是让他们做出这样一个决定。托布鲁克的陷落、国内人民的政治抗议，以及我和我的国家因此而丧失了声望，这一切都无法令我满意。但一些严重的问题仍需解决。我相信，只要我们意见表达清楚、看法达成一致，就一定可以做到。

*   *   *

星期六，即7月18日，我们的美国客人先抵达普雷斯特韦奇，之后再转乘火车前往伦敦。他们立即与驻守在首都的美国三军长官——艾森豪威尔、克拉克、斯塔克和斯帕茨进行会商。他们就"痛击"计划再次展开辩论。美国领导人仍然强烈主张执行这项作战行动。似乎只有总统本人对我的辩论留有深刻印象。他当时为代表团草拟了一份关于战争政策的文件，这也是我见过的出自他手的最详细、最精炼的文件。

致霍普金斯、马歇尔将军、金海军上将备忘录
主题：1942 年 7 月伦敦会议指示

1. 你们即将以我的个人代表的身份前往伦敦，这一行的目的是就战事问题与英国当局进行协商。

2. 自丘吉尔先生出访华盛顿以来，海陆军都在战略上做出重大调整。因此，我们必须与英国当局一起按照以下两项方针并立即制订出联合作战计划：

（1）适用于 1942 年之后的明确计划。

（2）适用于 1943 年的试行性计划。这一计划会随 1942 年发生事件的变动而变动，但现在应当着手开始各项准备，包括为 1943 年行动计划而做的准备。

3.（1）同盟国的共同目标必须是打败轴心国。在这一点上，绝不妥协。

（2）我们应集中力量作战，避免分散行动。

（3）英美军队必须协同作战，这一点至关重要。

（4）一旦到了需要他们的时候，所有待命的英美军队必须迅速投入战斗。

（5）最为关键的是，美国地面部队必须于 1942 年投入到与敌人的抗战当中。

4. 英美答应支援苏联的物资一定要悉数到达。如果使用波斯这条运输线，就应当优先运送作战物资。只要运输畅通，援助就必须继续；必须鼓励苏联继续抗战。只有在苏联完全崩溃的情况下——简直难以想象——我们才会改变此项决定。

5. 至于 1942 年的"痛击"计划，你们要仔细研究其实施的可能性。这一行动一定会在今年给予苏联大力的支持。既然"痛击"计划这么重要，就有一切理由促其实现。你们应当大力督促各方做好全面准备，全力推行这一计划；无论苏联是否即将崩溃，这一计划都应照常实施。如果苏联有可能崩溃，那么"痛击"计划不但可取，而且必要。"痛击"

计划的主要目的是迫使德国空军调离苏联前线。

6. 只有在完全确认无法实施这项计划，且无合适时机达到预期目标的时候，才应当知会我。

7. 如果最终确定无法执行"痛击"计划，我希望你们能认真分析届时的世界形势，并确定1942年适合美军作战的另一地点。

这是我对当前世界形势的看法：

（1）如果苏联牵制住大批德军，那么"围歼"计划在1943年就有实施的可能。因此，应当立即制定具体计划，开始准备工作。

（2）假如苏联崩溃、德国空军部队调离苏联，那么在1943年实施"围歼"计划就不太可能。

8. 不论苏联是否面临崩溃，都应尽力固守中东阵地。我希望你们能够考虑到中东陷落会造成的后果。中东失守意味着以下情况会接连出现：

（1）丧失埃及和苏伊士运河。

（2）丧失叙利亚。

（3）丧失摩苏尔油井。

（4）遭受来自北方和西方的夹击后丧失波斯湾，以及所有波斯湾油田的通道。

（5）若日德联手，则可能丧失印度洋。

（6）德军很有可能占领突尼斯、阿尔及尔、摩洛哥、达喀尔，并切断从弗里敦至利比里亚的渡海航线。

（7）南大西洋的所有航运、巴西以及南美整个东海岸线都将面临严重危险。此外，德军还有可能会利用西班牙、葡萄牙以及他们的领地。

（8）你们应当决定守住中东的最佳策略。这些方法一定要包括以下两点或其中一点：

（a）运送援助物资和地面部队到波斯湾、叙利亚和埃及。

（b）在摩洛哥和阿尔及尔发起新一轮进攻，旨在包抄隆美尔军队的后路。法国殖民军的态度仍不明确。

9. 我不同意这样的做法：美国为了尽快击溃日本，将全部力量集中于太平洋战场。最重要的是，我们应认识到击溃日本并不意味着击溃德国；美国于今年或 1943 年集中力量进攻日本将增大德国完全占领欧洲和非洲的概率。此外，我们在 1942 年或 1943 年击败或牵制德军意味着德国有可能在欧洲战场、非洲战场和近东崩溃。打败德国意味着我们或许能不费一枪一弹、一兵一卒便打败日本。

10. 请牢记这三点主要原则——迅速制订计划，统一计划，进攻和防御相结合，不能只防不攻。这将影响美国地面部队在 1942 年与德军作战的直接目标。

11. 我希望你们在抵达英国后的一周内达成一致协议。

总司令富兰克林·罗斯福

1942 年 7 月 16 日

当天晚上，我在契克斯举行参谋长委员会会议。主要内容如下：

此次讨论表明，首相一方和三军参谋长一方的意见完全一致。

至于 1942 年的作战行动，唯一可行的似乎是"体育家"计划。对我们来说极为有利的是，先在北非登陆可轻易获得一个立足点，正如德军捷足先登，可轻而易举地占领挪威一样。

"体育家"行动实际上是我们"第二战场"的右翼。美军占领卡萨布兰卡及其附近地区远远不够。行动范围必须扩大到阿尔及尔、奥兰，甚至东部更远的地方。如果美国无法为这些行动提供军事支持，我们英军可以与少部分美国分遣队合作，共同开展东部地区的作战行动。为"波莱罗"提供护航队后，美国应该不能再为"体育家"行动提供其所需的全部海军。那么，我们应助其渡过难关。

我当然明白，我们仍需让美国军方领导人——目前都在伦敦——相信，我们的意见才是唯一切实可行的意见。霍普金斯于周末抵达契克斯，我们都不拘礼节，就彼此之间存在的分歧进行了会谈。

7月20日，星期一的早晨，我们和美国代表在内阁办公室召开了第一次会议。

我关于英国政府态度的简要记述均有记录。

首相在1942年7月20日会议上的发言记录

今天上午，我并不打算对当前摆在我们面前的各种重要提案的价值发表看法，我只想概述一下总体形势，并对召开会议的最便捷方法和程序提出建议。我们必须做出决定，虽然这些决定将影响未来整个战事的发展，但我们没有理由拖延下去。

第一个问题是"痛击"作战计划是否应当执行？紧随其后的另一个问题是以什么样的方式执行？或许我们的美国客人心中想的是某一件事，而我们却在另一件事上下功夫。如果我们自己不能拟定出一个令人满意的计划，那么就应当极其认真地关注美国方面的计划。不管是赞同还是反对，大家都不应带有成见地参与讨论，这一点至关重要。当然，不但有必要考虑能否执行某项任务，而且需要权衡目前这样做能否充分利用我们的资源。

我们必须考虑的是，采取"痛击"计划与否分别对"围歼"计划产生的影响。为了"围歼"计划的顺利进行，"波莱罗"计划的一切准备工作都在继续。我们强烈支持"围歼"行动，可是，"围歼"行动到底是什么？是否一定只袭击法国西部沿海？第二战场是否必须限制在这些范围内？在

对我们有利的情况下，不能扩大它的范围吗？事实上，我们认为，"痛击"计划会延迟甚至阻碍"围歼"计划的进行。另一方面，可能会有人认为，"围歼"计划成功与否并不在于我们做了多少努力，而是取决于苏联战局的发展。

迄今为止，我们在谈论"痛击"计划时，都是以假设苏联战胜或溃败为依据。可是，我们很可能会面临一种介乎两者之间的情况。苏联战事也许会久悬不决，或者未见分晓，苏联战线将依然存在，尽管向东部移动了一些。

如果取消"痛击"计划，那么在采取"围歼"行动之前我们应当做什么？或者是，如果取消"痛击"计划会破坏"围歼"计划的执行，我们应该怎么办？

我要谈的第二个问题是"体育家"行动。我们应从不同角度、不同形式加以审查。在占领法属北非以及拉拢西班牙和葡萄牙之前，德军大概不会无期限地坐等下去。尽管德国现在疲于应付苏联，一时不足以入侵英国，但他们可能很快就能调集足够军力进攻英国。我们必须正视德国占领北非及西非海岸的可能性。若真如此，将对我们极其不利。

此时激烈的埃及之战对是否执行"体育家"行动具有重大影响。若奥金莱克将军获胜，他将迅速向西进军。到时候，"杂技家"计划或许会再次浮出水面——可能会对西西里岛和意大利发动进攻，重获地中海南部的制空权，并由此保全所有船只。

目前，我们的防御存在很大的漏洞。地中海东部—里海一线几乎没有防守。如果奥金莱克将军赢得埃及之战，我们一定能成立一支大约八个师的部队，而且这支部队在四个训练有素的波兰师的协助下，必能有力阻止德军向南挺进。可是，如果奥金莱克将军未能将敌人击退到远离埃及的安全距离之外，或者他已经将敌人击退到安全距离之外，甚至追击至"杂技家"行动范围内，那么到时候能守住里海南部重要区域的只有苏联南方部队了。结果如何,现在难以定论。目前就断定苏联将会溃败还为时过早。即使出现最糟糕的情况,苏联南方部队也会沿着高加索山脉撤退,并在那里镇守整个冬天;他们还可能得到我方的空军支援,进而拿下里海的制海权。这些部队是我们的有力保障,也是目前的唯一保障。

我们还就"安纳吉姆"计划(缅甸行动计划),以及如何支援太平洋战场进行了简单讨论。

*　　　*　　　*

7月22日下午,我们召开第二次会议。马歇尔将军率先发言,称他和他的同僚与英国参谋长们的会谈已陷入僵局,因此他们必须向总统请示。

我回答说,我同总统及其军事顾问们一样热切期盼"尽早、尽力与敌人交战"。但我十分清楚,在我方兵力不足的情况下,不应在1942年勉强推行"痛击"计划。我还指出我们可能面临的种种失败。例如,苏军可能会崩溃;德军可能会进军高加索地区;他们可能会打败奥金莱克将军进而占领尼罗河三角洲和苏伊士运河;德军在北非和西非站稳脚跟之后,我方船舶可能无法通行。然而,英美之间的分歧将会造成比上述各种可能更加严重的后果。因此,我们一致同意,美国三军参谋长就英国一方决定不再继续"痛击"计划一事向总统汇报,并请求给予指示。

罗斯福总统当即复电,他表示对伦敦会谈的失败并不感到诧异。他对以下做法表示赞同:在英方反对的情况下,无须继续实施"痛击"计划。罗斯福总统还向代表团做出指示——就某次作战行动同我们达成决议,美国陆军将于1942年参与此次的对敌作战行动。

"痛击"计划就这样被束之高阁,而"体育家"计划则得到重视。尽管马歇尔和金不免有些失望,但最终还是服从总司令的决定。于是,

我们又重归于好。

我现在急需给我的新宠重新命名。"体育家""超体育家"和"半体育家"这些代号已被弃用。7月24日，我向三军参谋长下达指令，其中使用了"火炬"这一新代号。7月25日，总统致电霍普金斯——北非登陆计划须在10月30日之前执行，现在应立即开始准备。当天晚上，我们的美国朋友们启程返回华盛顿。

* * *

最后，一切都按照我和我的政治军事同僚们长期以来的愿望达成协议。我也因此感到特别开心，尤其是在这最艰难的时刻。除有一项计划之外，我提议的其他计划均被采纳。唯有"朱庇特"计划（挪威行动计划）落单，虽然它的价值无可争议。在过去的几个月里，我不再继续推行"痛击"计划，而是专注执行北非行动和"朱庇特"计划。尽管我并未放弃这项计划，但最终还是没能为其争取到机会。

但我已相当满足。

* * *

前海军人员致罗斯福总统：

1. 我相信您一定和我一样开心，事实上，我们这里的所有人对经过一周紧张的讨论而做出的决定都感到十分满意。除了在行动方面达成一致之外，我们高级长官之间的亲密友好关系以及战友情谊都得到进一步升华。倘若没有哈里珍贵的援助，会谈能否成功仍是个未知数。

2. 今年我们必须开辟第二战场，并尽早发动进攻。我认为，第二战场应该包括一支能将敌人困在"痛击"计划区域对面的主力部队，以及一个称为"火炬"（前"体育家"计划）的大规模侧击行动。既然事已至此，正如您所说，我们

就可以开足马力不断向前推进。这一切取决于保密工作、推进速度以及定期进行的政治和军事行动。我们必须争分夺秒，我与您看法一致：10 月 30 日是执行计划的最后期限。

3. 要保守秘密只能使用障眼法。为此，我继续为"朱庇特"计划做准备，同时必须大力推进"痛击"计划。这么做才能掩盖我们在英国展开的一切行动。当您的军队开始执行"火炬"计划时，除情报机关人员之外，其他所有人都会认为他们将开往苏伊士或者巴士拉，因为所有士兵都配备了热带装备。加拿大军队配备了在北极使用的装备。这样的话，我们才能一直把敌人蒙在鼓里。

4. 同时，我希望继续竭尽全力为"波莱罗"计划做准备，尽管"火炬"计划将不可避免地损害"波莱罗"计划，但也仅仅是延迟其执行而已。因此，我们能够从左侧或者右侧进攻，甚至从左右两侧同时进攻。

1942 年 7 月 27 日

所有专家就我们双方向往已久的计划完全达成一致，总统同我一样感到十分满意。

罗斯福总统致首相：

三个火枪手①于今日下午平安抵达，婚礼②将如期举行。当然，我对这一结果非常满意，尤其是大家能在精神层面顺利交流更令我感到欣慰。我不禁觉得，过去一周是整个战争的转折点，我们英美双方正并肩携手前进。我同您的看法一致——保密和速度至关重要，我希望能够将原定于 10 月的最后期限提前。我将和马歇尔共同商讨如何根据舰队的吨位以

---

① 指罗斯福的代表霍普金斯、马歇尔以及金三人。——译者注
② 指英美共同执行已经达成一致的计划。——译者注

及英国对食物和原材料的进口情况来决定我方物资和设备的供应规模。与此同时，我将尽力向苏联南翼部队提供空军中队支援。的确应当这样做，我对此深信不疑。

1942 年 7 月 28 日

现在必须解决指挥官人选的问题。

迪尔陆军元帅致首相：

　　我想劝告您的是，您应当立即和总统商定指挥官人选一事。我个人认为，马歇尔是最佳人选，我也相信，他会欣然接受这一任命。很显然，他暂时还不能从这里脱身，但艾森豪威尔可代其行使权力。总统还未征询过马歇尔的意见，大概是他担心失去这位得力助手，不过任命艾森豪威尔为副手的想法似乎也不错。

　　如果这一想法征得大家的同意，艾森豪威尔就能召集起他的联合参谋，并发挥其所长。对艾森豪威尔来说，将"痛击"行动的计划部署和准备工作委托给他人实为明智之举，很显然，这个人得是个英国人。所以，除了对"痛击"计划进行总监督之外，艾森豪威尔和他的参谋可完全把精力集中在"火炬"计划上。现在"火炬"计划是重中之重，这一计划不但需要更具体的筹划，还涉及兵力、任务分配和部队训练等。在此计划执行之前，人人都需要紧张地做准备。显然，"火炬"计划执行得越早对我们越有利。

　　您能够在如此艰难的谈判中取得这样的成果，实在令人敬佩。我希望能于下周初抵达伦敦，如果可以的话，我想登门拜访。

1942 年 7 月 30 日

我就指挥官人选一事致电总统，以征求其意见。

前海军人员致罗斯福总统：

1. 若能尽快选出"波莱罗"计划、"痛击"计划、"围歼"计划和"火炬"计划的指挥官（这里"波莱罗""痛击""围歼"三者为一组，而"火炬"则单独作为一组），我将感激不尽。大家都认为，马歇尔将军是"围歼"计划最高指挥官的最佳人选，同时应由艾森豪威尔担任副手。我们首先得任命亚历山大将军为特遣部队司令，他听命于艾森豪威尔将军，并与其共同展开行动。他们二人都将参与"火炬"计划，目前艾森豪威尔需负责监督"波莱罗"和"痛击"计划。所以，他能够在尽量不损害"波莱罗""围歼"计划的前提下为"火炬"计划调遣其所需兵力。一旦"火炬"计划准备就绪，他就要进行指挥；同时亚历山大和另一美国指挥官将担任分别来自英国和美国的两支特遣部队的司令。当特遣部队开始行动时，若您能任命马歇尔将军或其他人担任"波莱罗""痛击"和"围歼"计划的临时指挥官，我们将由衷地感激。届时，我们会为他派遣一名副手。

2. 由于委员会人数众多、决策效率低下，尽快行动似乎十分关键。如果您另有安排，敬请告知。

1942 年 7 月 31 日

迪尔陆军元帅致首相：

1. 总统已去海德公园稍作休整，但在出发之前，他下达了全力准备并尽早执行"火炬"计划的命令。他要求三军联合参谋长在 8 月 4 日告诉他能够登陆的最早日期。美国仍有可能将兵力抽调至太平洋，但总统对这点十分谨慎。

2. 在美国人的心目中，1943 年"围歼"计划已被"火炬"计划取代。这已无须争辩。目前，我们希望能够专心致志于"火炬"计划。我可以断定，如果总统希望马歇尔担任最高指挥官，您也一定会同意，而且无须要求为他保留"围

062　丘吉尔二战回忆录——营救非洲

歼"计划指挥官的职位，尽管您在 7 月 31 日致总统的电文中这样说过。

3. 愿您大展宏图。

1942 年 8 月 1 日

我是在午夜时分于莱纳姆机场收到的这份电报，当时正准备启程，关于此次行程，且待我下章详解。

第四章

FOUR

我的开罗之旅——改组司令部

斯大林的邀请——乘坐"突击队员"号的旅程——尼罗河的黎明——司令官人选问题——8月5日,与奥金莱克将军视察阿拉曼阵地——会见戈特将军——在空军司令部——戈特将军牺牲——悲痛的战时内阁——蒙哥马利将军任第八集团军司令——在艾森豪威尔将军负责的"火炬"行动中,英军指挥官的变动——8月8日我与义勇骑兵师的一天——雅各布上校的日记——奥金莱克将军拒绝出任伊拉克—波斯战区指挥官

从各方面接收到的报告令我对中东最高司令部越发地怀疑,到中东去解决一些重要问题已经是当务之急。这次行程的计划是先去直布罗陀和塔科拉迪,然后从那里穿过中非抵达开罗,这段行程总共需要五天甚至六天的时间。由于此次旅程将途经热带和疟疾流行地区,需要进行一系列的疫苗注射。有些药物需要在十多天后才能起到免疫作用,并且会令人感到极其不适,甚至有碍行动。战时内阁的一些成员友好地密切关注我的身体状况,反而需要我去安慰他们不要担心。

就在这时,一位年轻的美国驾驶员范德克鲁特上尉驾驶一架"突击队员"号飞机从美国来到英国,这是一架"解放者"式飞机,里面的炸弹架已被拆除,还换上了一些旅行设备。这架飞机不但能够按照预定的航线飞完全程,而且时间还富余。空军参谋长波特尔接见了这位飞行员,并反复询问"突击队员"号的情况。作为一名已有约一百万英里飞行经验的飞行员,范德克鲁特询问为何一定要从塔科拉迪、卡诺、拉密堡、欧拜伊德等处绕道飞行,他说他能一口气从直布罗陀飞到开罗:下午从直布罗陀向东出发,黄昏时再向南急转穿越西班牙

或维希的领地，然后向东飞直至阿西乌特的尼罗河附近，再转向北飞行一个小时之后就能到达金字塔西北方向的开罗机场了。这完全改变了我们的计划。这样，我可以在两天内抵达开罗，不会碰到任何非洲的虫子，也不必因为它们接种疫苗。波特尔被说服了。

我们非常担心，苏联政府在听到 1942 年不再执行横跨英吉利海峡作战行动这个令人不快却已板上钉钉的消息后会作何反应。7 月 28 日晚，我有幸在唐宁街 10 号和战时内阁一起宴请国王，我们搭建了一个花园房并在里面享用晚餐。国王陛下私下准许了我的这次行程，之后便起身离开，我和那些心情大好的部长们去了内阁会议室商量事宜。当时我做出决定——无论如何我都必须去一趟开罗，而且要向斯大林提议进行会晤。于是，我向他发出以下这封电报：

首相致斯大林元帅：

　　1. 我们正初步打算在 9 月的第一个星期将另一批护航船队转移到阿尔汉格尔斯克。

　　2. 如果得到您的邀请，我愿意亲自前往高加索地区的阿斯特拉罕或者其他方便见面的地方与您会晤。届时，我们可以共商战略并联手制订计划。我也会把我们和罗斯福总统制定好的 1942 年进攻计划告诉您。我将和帝国总参谋长一同前往。

　　3. 我正准备启程前往开罗。那里有很重要的事情需要处理，这您可以想象得到。如果您愿意的话，我将在那里确定一个方便我们会面的时间，我认为 8 月 10 日到 13 日之间都可以。

　　4. 战时内阁已同意我的建议。

1942 年 7 月 30 日

斯大林元帅致丘吉尔首相：

　　我谨代表苏联政府邀请您前来苏联与政府各成员会面。现在德国对英国、美国和苏联的威胁已经达到特别紧张的程

度，若您能前来共同商讨对抗希特勒的紧急战事问题，我将感激不尽。

我认为莫斯科正是最适合我们会面的地点，在这样紧张的对抗德国的状态下，无论是我还是政府成员或总参谋部的领导人员都无法离开首都。

我们殷切期望帝国总参谋长一同前来。

请您根据结束开罗之行的时间选择一个合适的会面时间，您也可以提前决定，任何时间对我来说都合适。

我非常感激您能在 9 月初派第二批护航船队向苏联运送战备物资。虽然从前线调派飞机非常困难，但是我们仍将尽力采取措施，加强船队的空中护卫力量。

1942 年 7 月 31 日

首相致斯大林元帅：

我一定如约前往莫斯科与您会面，等抵达开罗后再确定会面日期。

1942 年 8 月 1 日

*　　*　　*

与此同时，鲁威塞特山脊上阿拉曼阵地的激战仍在继续，我们的防守力量仍有富余，隆美尔的进攻力量则已力不从心，但鹿死谁手犹未可知。开罗之行的计划已经安排好，因此我致电奥金莱克将军：

首相致奥金莱克将军：

我希望能在 8 月 3 日（星期一）飞抵开罗。帝国总参谋长也将在同一天经由其他路线到达。我已要求史末资元帅和韦维尔将军设法在同一周前往开罗，请你密切关注此事。

1942 年 7 月 31 日

帝国总参谋长布鲁克将军已经在直布罗陀准备经由马耳他飞往开罗。我向他发出以下电报：

首相致布鲁克将军：

以下是我从奥金莱克昨天发来的电报中摘录的一部分，从中可以看出我们此次的中东之行有多么必要：

昨天在和陆军指挥官们举行的会议中，我们详细讨论了战术情况。由于物资不足，并且敌人已经有效巩固了阵地，我们不得不做出如下判断：现在不应突破敌方阵地或南翼部队。在9月中旬之前，不太可能有机会重新采取攻势，这取决于敌人坦克部队的组织情况。因此，我们暂时采取防御政策，在所有防御区域做好充分准备并巩固阵地。同时我们必须伺机发动突然袭击，使敌方措手不及……

1942 年 8 月 1 日

根据安排，亚历山大·卡多根爵士将代表外交部与我同行。8 月 2 日，星期天午夜之后我们乘坐"突击队员"号轰炸机从莱纳姆出发。与以往那种舒适的"波音"式水上飞机不同，轰炸机上没有暖气，刀刀般的寒风透过许多缝隙吹进来；里面也没有床，但后舱有两块搁板可以让我和我的私人医生查尔斯·威尔逊躺下休息，那里有足够的毯子供大家使用。我们在英格兰南部低空飞行以便我们的高射炮部队辨认，尽管已经得到消息，但他们仍处于警戒状态。飞到海上之后，我离开座舱到后舱去休息。在安眠药的帮助下，我睡得十分安稳。

我们于 8 月 3 日清晨平安抵达直布罗陀，在堡垒周围视察一天后，下午六时动身飞往开罗，这是一次两千多英里的旅程，我们必须绕道飞行以便躲避沙漠战场周围的敌机。为了减少汽油消耗，范德克鲁特在天黑前并没有继续向地中海区域飞行，而是直接穿过西班牙地区和半敌对的维希领地。因此，黄昏前四架"勇士"式战斗机的武装护送，使得我们实际上侵犯了这些地区的中立性。我们在空中不但未受

到干扰，而且也未进到任何重要城市的防空火炮射程之内。当夜幕降临，我们能到"突击队员"号所提供的搁板上睡觉时，我还是感到非常开心。如果当时被迫降落在中立地区，则会引起很大的麻烦；即使当时降落到沙漠地带，尽管相对而言比较合适，也会产生其他问题。然而，"突击队员"号的四个引擎仍在"轰轰"作响，没有出现任何故障。我们飞行在星光四溢的天空下，而我已酣然入睡。

在飞机上的这些时日，我都习惯在日出前坐在副驾驶的位置上。8月4日清晨，在晨光熹微中，我看到宛如银带的尼罗河在前方蜿蜒流淌。我在尼罗河上看过多次日出。在和平年代，我曾经由陆路或水路欣赏过从维多利亚湖至地中海的绝大部分尼罗河流域，只有"栋古拉一带"未曾到过。阳光照射在水面上，波光粼粼，我还从未见过如今天这般美丽的景色。

现在，我暂时成为"前线人员"。我不再在国内坐等前线传来的消息，而是能够上前线亲自传达消息。这真令人兴奋。

＊　　＊　　＊

我在开罗必须解决以下问题。奥金莱克将军或者他的属下是否已对沙漠地区部队失去信心？若真如此，他应被解职，那么谁又能接替这一职位？面对这么一位高素质、高品格、有能力、有决断的指挥官，做出此种决定无疑是非常痛心的。为了进一步证实我的判断，我强烈要求史末资元帅从南非赶往开罗。我到达时，他已在英国大使馆内等候。我们交谈了一个上午，我告诉他我们当前遇到的所有困难，以及所面临的选择。下午，我和奥金莱克进行了一次长谈，他向我详细汇报当前的军情。次日早晨，在奥金莱克的请求下，我接见了科贝特将军，总司令对他评价极高。他告诉我奥金莱克迫切想要卸去第八集团军司令官一职，然后回到开罗这一更大的战场。接着，他说："我能接任他为集团军司令，事实上，上周我已做好接任准备。"这令我感到诧异。当然，我们也从未考虑过这一选择。午饭过后，韦维尔将军从印

度赶来。下午六时，我主持了一场有关中东战事的会议，相关领导全部参加，有史末资、凯西、帝国总参谋长、韦维尔、奥金莱克、海军上将哈伍德和空军中将特德。我们讨论了许多问题，而且在大多数问题上的看法高度一致。但在整场会议中，我的心思总是不自觉地转到指挥官这个主要问题上去。

我们不能贸然进行人员变动，还需要考虑其他因素。在这一问题上，我想帝国总参谋长能给出很好的建议，原本他的职责就是对各个将军的品质进行评价。我最开始让他担任中东总指挥官。布鲁克将军当然不会对此有任何意见，而且据我了解，没有人比他更为合适。他反复思量着，第二天早晨还与史末资元帅交谈很久。最终他答复我说，他担任帝国总参谋长这一职务仅8个月，相信我完全信任他，而参谋部的工作也有条不紊地进行着。若在这紧要关头接受另一职务，可能会引起短暂的混乱。此外，出于自身名节的考虑，他不想在建议撤去奥金莱克将军职务之后，再由自己接任。布鲁克将军声誉极高，的确不应受此诋毁。那么，我不得不考虑其他的合适人选了。

亚历山大和蒙哥马利曾与布鲁克并肩作战，这令我们回想起1940年5月的敦刻尔克。在原本败局已定的缅甸战役中，亚历山大临危不乱、英勇作战的事迹令我和帝国总参谋长钦佩不已。而蒙哥马利也享有极高的声誉。毫无疑问，一旦我们决定撤去奥金莱克的职位，亚历山大将挑起中东的重担。但我们还必须照顾第八集团军的感受。如果我们派两个英国人接替曾在沙漠地区奋战过的长官，那么第八集团军士兵及各级别的长官是否会把这当作一种对他们的责罚？在这种情况下，戈特将军似乎是最佳人选。部队都尽忠于他，而他"猛士"的称号也并非空穴来风。但是，当时布鲁克向我报告说，戈特最近太过疲惫需要休息。现在做出决定还为时过早。我一路跋山涉水来到这里，就是为了利用这短暂的时间尽可能找出问题所在，进而找到解决办法。

*   *   *

迈尔斯·蓝普森爵士招待得十分周到。我在他有冷气设备的卧室里就寝，并在他的有冷气设备的书房里办公。当时天气酷热，只有这两间房温度适宜。除此之外，其他方面的环境都还令人满意。我们在这里住了一个多星期。在这段时间里，我们了解情况、倾听意见，并到开罗东边的卡塞辛区观察前线或巨大的兵营，我们强大的援军正陆续抵达这里。

8月5日，我视察阿拉曼阵地。我与奥金莱克将军乘坐他的车前往由澳军第九师镇守的鲁威塞特西部战线的右翼。随后，我们沿着前线来到位于鲁威塞特山脊后面的指挥部，并在一个铁丝网围起的小方块区域用了早餐，那里到处是苍蝇和重要的军事人员。我要求各兵种长官前来会面，尤其是"猛士"戈特将军。据说，高强度的工作令他身心疲惫、不堪重负。这也正是我想要了解的问题。对在场的各名军官稍作了解之后，我问戈特将军是否愿意将我载到我的下一站目的地——机场。奥金莱克将军的一位参谋人员表示反对，因为这会让戈特将军多绕一个小时的路。但我坚持让他与我同行。这是我第一次也是最后一次与戈特见面。汽车在崎岖不平的路上颠簸着，我看着他清澈的蓝眼睛，向他询问了一些个人问题：他觉得累吗？有什么想法想要表达吗？戈特说，觉得累那是肯定的，现在最想回英国休假三个月假，他已经几年没回去了。不过，他表示，若有新的紧要任务下发给他，他也愿意立即执行，并承担起相应的责任。8月5日下午二时，我们在机场道别。两天后的同一时间，戈特将军被敌军杀害，遇害地点正是我现在飞行的这片领空。

在机场迎接我的是科宁厄姆空军少将，他在特德空军中将的领导下负责指挥与陆军共同作战的全部空军，若没有他，五百英里的大撤退行动不可能取得成功，我们也必将遭受史上最大的灾难。飞行一刻钟之后，我们便抵达了他的指挥部，午餐已经备好。而所有上校以上

级别的空军军官早已聚集在那里等候。我一到达就感受到一股紧张的气息。午餐的食物都是在牧羊人酒店订购的，并由一辆特定汽车送达。结果这辆车迷了路，大家花费了好一番精力去找，最后终于抵达。

此时，大家都心事重重，可最后发现这是一个欢乐的时刻——浩瀚沙漠中一个真正的绿洲。不难想象，空军将会如何责备陆军，以及空军和陆军在得知我方精锐部队遇挫后又会多么吃惊。当晚，我飞回开罗，并发出以下电报：

首相致副首相：

　　1. 我同第八集团军度过了漫长却又令人兴奋的一天，刚刚回来。我们视察了阿拉曼和鲁威塞特，走访了南非和澳大利亚军队官兵，并会见了莫斯黑德、拉姆斯登和戈特将军。我整个上午与奥金莱克一起度过，下午又与特德、科宁厄姆、皇家空军一起共度。士兵们个个兴高采烈，也似乎都信心满满、斗志昂扬，却又不解为何屡屡战败。我提议检阅前后方所有部队，同时还思量着应向内阁推荐指挥官人选一事。

　　2. 我同足智多谋的史末资元帅研究了整个战争形势。形势如此严峻，但原因一定与部队无关，与装备也只有非常小的关系。

　　3. 我故意模糊我将来的行动计划。我感到十分开心——下议院对我的报告感到满意。这次开罗之行以及户外体验令我受益匪浅。

1942 年 8 月 5 日

次日，即 6 日，我与布鲁克和史末资一整天都在草拟发给内阁的必要电报。现在需要解决的这件事情，不仅对高层人员有影响，也会令这一广大战区的整个指挥结构发生变化。我总觉得用"中东"一词代指埃及、地中海东部沿岸各国、叙利亚和土耳其不太恰当，这里应指近东。波斯和伊拉克才是真正的中东；印度、缅甸、马来半岛是东方；而中国和日本则为远东。但我认为，比改名更加重要的是对现有的中东司令部进行划分，它的管辖范围太广、地域也太大。现在正是改组机构的时机。

首相致副首相：

1. 经过仔细调查，在与史末资元帅、帝国总参谋长及国务大臣再三商议后，我决定立即彻底改组最高司令部。

2. 因此，我建议将中东司令部划分为两个独立的司令部，分别为：

（1）"近东司令部"，管辖范围为埃及、巴勒斯坦和叙利亚，指挥部设在开罗。

（2）"中东司令部"，管辖范围为波斯和伊拉克，指挥部设在巴士拉或巴格达。

第八、第九集团军由近东司令部指挥，第十集团军则由中东司令部指挥。

3. 任命奥金莱克将军为新中东司令部总司令。头衔不变，但缩小其职权范围。也许，日后才会凸显这一变动的重要性。此外，尽管如此变动，但仍保留奥金莱克将军与印度之间的联系。请记住，韦维尔将军仅在战争期间担任印度总司令，而且印度当局一直希望奥金莱克将军能有机会回到印度。我也不清楚这一计划的实施是否会受阻，但世事难料，谁也不能保证这一切究竟会如何发展。

4. 任命亚历山大将军为近东总司令。

5. 蒙哥马利将军接替亚历山大执行"火炬"计划。对于不得不将亚历山大调离"火炬"计划一事，我深表遗憾。但从各方面看，蒙哥马利都有资格接替他执行"火炬"计划。

6. 任命戈特将军为第八集团军司令，且听命于亚历山大。

7. 解除科贝特将军近东司令部总参谋长一职。

8. 解除拉姆斯登第三十军指挥官一职。

9. 解除多尔曼－史密斯副总参谋长一职。

10. 需为第八集团军挑选两位司令官，接替戈特和拉姆斯登。尽管我们心中早有人选，但最好还是等到戈特与亚历山大到达之后，再让帝国总参谋长与他们商讨此事，以及一些下级人员变动的问题。

…………

12. 以上就是在当前严峻而紧急的形势下做出的重要人事变动。如果战时内阁同僚们同意以上变动，我将感激不尽。史末资元帅和帝国总参谋长让我转告：由于当前形势严峻、步履维艰，这已是众多选择中的明智之举。国务大臣也表示完全赞同。我相信，这一改变必会给军队注入一股新的力量，令大家重拾对司令部的信心。可遗憾的是，当前情况并非如此。在此我必须强调，我们一定要重整旗鼓，采取一次猛烈的行动以激活这个庞大但效率低下，甚至有些混乱的机构。战时内阁应该清楚，8 月或 9 月打败隆美尔将在"火炬"计划开始之时对北非法军的作战态度产生决定性影响。

13. 我希望能尽早获得战时内阁的批准，而且亚历山大也能即刻启程。在我和帝国总参谋长动身前往苏联之前，他必须到达此地。我希望在星期日或星期一出发。所有变动将从星期一开始生效，而且在符合作战前线利益的情况下尽早予以公布。目前必须严格保密。

1942 年 8 月 6 日晚八点十五分

战时内阁同意我立即彻底改组最高司令部的做法。他们强烈赞成我选择亚历山大，并称他将立即从英国出发。可是，战时内阁并不赞成将中东司令部划分为两个独立的司令部。对他们来说，目前成立统一司令部的理由甚至比 1941 年 12 月他们决定这样做时更为充分。最后，他们同意由蒙哥马利接替亚历山大执行"火炬"计划，并立即将他召回伦敦。至于其他的人员变动，将由我自行决定。

第二天早上，我将提议的具体解释以电报形式发出，内容如下：

首相致副首相：

我们完全是根据实际情况而提出划分司令部的建议。我甚至怀疑，若奥金莱克将军不是因战线拉得太长、兼顾内容差异太大以致精力分散的话，我们在西部沙漠地区也不可能遭受如此灾难。他本应在5月底开始的战役中担任直接指挥官，但是却不得不花费精力"研究利比亚的战术问题"。这句话本身就揭露出，由于一些不相干的任务而导致的一种本末倒置现象。实际上，"研究利比亚战术问题"反而成了我们当前的主要任务。

两个司令部中间隔着三四百英里的沙漠地区，唯一的连接通道是途经土耳其的铁路——这一铁路无法用于运送军队，以及穿越沙漠的公路和环绕阿拉伯半岛的海路——这一绕行需要花费近十四天的时间。两个司令部的供应基地完全不同。我们相信，这是在对地理环境、战略部署以及管理方面进行综合考虑之后做出的安排。我之所以提议划分司令部是因为只有迅速在司令部做出重大调整才有望击败隆美尔，而且部队也需要重整旗鼓。我们的命运取决于能否迅速击败隆美尔，在当时的情况下，我十分不愿意让原本专心于执行"火炬"计划的亚历山大为难。

我真诚地希望，我的同僚们能再次考虑这一非常棘手的问题，并准许我按照自己的计划行事。在计划方面，我已得到史末资元帅和帝国总参谋长的支持。亚历山大已经启程，而奥金莱克显然对未来计划一无所知，所以，现在急需做出决定。我必须在明天通知他。

内阁谨慎地审查了我的计划中的其他部分，最终予以批准。对此，我十分感激。

1942 年 8 月 6 日和 7 日

战时内阁回复说，我的电报并未完全消除他们的疑虑。但是，由于当时我与史末资和帝国总参谋长均在现场，而且他们两人已同意这项提议，他们才打算批准我提议的行动计划。不过，战时内阁强烈表示，如果任命奥金莱克将军为波斯和伊拉克战区司令，那么继续保留其中东总司令的头衔将引起混乱。我认为此话有理，于是接受了他们的建议。

＊　　＊　　＊

　　8月7日，我花了一整天的时间慰问刚刚抵达的苏格兰第五十一师。在大使馆用完晚餐上楼时，我碰到了雅各布陆军上校。"戈特真不幸"，他说。"发生了什么事？""今天下午他乘坐的飞机在飞往开罗的途中被击落了。"我们损失了一员大将，对此我深表惋惜和哀痛，而在即将打响的战争中，我本已决定任命他为总司令，直接指挥作战。现在，我的计划全部被打乱。原本，任命具有沙漠作战经验、德高望重的戈特将军为第八集团军总司令，同时由亚历山大掌控中东大局可以用来弥补将奥金莱克将军调离最高司令部的缺口。可现在该如何是好？

首相致副首相：

　　对戈特遭遇空难一事，我深表遗憾。

1942年8月7日

至于由谁来接任他的职位，其实我们心里早已有数。

首相致副首相：

　　帝国总参谋长果断推荐蒙哥马利为第八集团军司令。史末资和我一致认为，必须立即填补空缺。请尽快派专机送他到任。至于抵达时间，立即通知我。

　　8月7日晚十一点十五分，战时内阁好像已经召开集会，讨论我当日发去的刚刚破译出的电报。他们讨论之时，一位秘书送去我稍后发去的最新电报——先告诉戈特遇难一事，而后要求即刻将蒙哥马利将军送往开罗。我听说，此时我们在唐宁街的朋友们悲痛万分。但据我多次观察，他们多次经历过这种事情，所以必定能收拾好心情，坚强面对。会议一直持续到天快亮，战时内阁对我在电报中提出的要点基本达成一致，并向蒙哥马利下达了命令。

*　　*　　*

　　向战时内阁传达戈特阵亡的消息时，我要求他们暂时不要告诉艾森豪威尔将军我们准备让蒙哥马利接任亚历山大的职位一事。但为时已晚：已经有人告诉了他。计划的进一步改变给"火炬"计划的准备工作造成不小的混乱，尤其是亚历山大已在这一行动中担任第一集团军指挥官。他和艾森豪威尔将军早已开始部署工作，而且配合极为默契，就同以往一样。可是，为了中东战事，亚历山大又必须从英国调离。伊斯梅奉命向艾森豪威尔传达了这一消息；此外，由于中东战事的紧急需要，我不得不中断"火炬"计划一事，对此，他也代我致以歉意。伊斯梅详述蒙哥马利所具备的优秀品质和才能，而且相信他完全能够胜任司令官一职。蒙哥马利几乎是立刻抵达艾森豪威尔的指挥部，原本不同国籍的司令官因执行相同任务而会面时不免寒暄一番，但现在这一切都已免除。可是，第二天一大早，艾森豪威尔就接到通知，蒙哥马利必须立即飞往开罗，担任第八集团军司令。这一次，消息仍由伊斯梅负责传达。艾森豪威尔心胸开阔、求真务实、有奉献精神、处事临危不乱，而且大公无私。但对于执行大规模作战行动的指挥人选连续变动两次一事，他难免也会感到无所适从。现在，他又要迎接第三任指挥官。所以，也难怪他会问伊斯梅："英国真的在认真对待'火炬'计划吗？"不管怎样，戈特阵亡已是事实，一个好的将士应该是能够理解的。安德森将军将填补这一空缺，蒙哥马利和伊斯梅

即刻一同前往机场。伊斯梅可以好好利用这一个多小时的路程，向蒙哥马利解释事情的缘由。

据说，二人在去机场的路上还有这么一个故事，但未被证实。蒙哥马利讲述了一个士兵的人生轨迹，及其遭遇的各种考验。他将毕生献给军队，经年累月孜孜不倦，克己奉公。不久，幸运之神便向他招手，成功的曙光照耀在他身上。士兵获得提拔，他也抓住了机会展现自我，最终成为军队司令。在一次战役中，他大获全胜，顿时名声大振，万众瞩目。可是，他的命运开始发生逆转，一次战役之后他一落千丈，这可能并不是他的过错，但他却开始陷入百战百败的恶性循环。"可是，"伊斯梅好心劝告，"你别这么消极，一大批精锐部队正在中东集结，你一定不会这么不幸的。""什么啊！"蒙哥马利在车里激动地大喊，顿时挺直了身体，"你什么意思？我指的是隆美尔啊！"

＊　　＊　　＊

8日这一整天，我都与义勇骑兵师在一起。他们沿着卡塞辛公路驻扎，到目前为止，这支优秀的部队还未同敌人真正作战过。过去两年，他们一直在中东效力，主要是在巴勒斯坦。所以，我未能有机会装备这个师，将其训练成一支高素质的部队。但他们最终还是抵达前线后方，准备加入战斗。可是，就在此时，必须将他们的坦克调往前线补充火力。这对斗志昂扬的他们来说，无疑是一个惊人的打击。于是，我不得不一旅一旅地走访，一次又一次地向军官们解释——一次两百或三百个军官——为何在他们卧薪尝胆只等一展抱负之时却要削减其装备。不过，我也给他们带来了好消息。三百辆"谢尔曼"式坦克正横穿红海前往此地，所以义勇骑兵师在两周内就能配备当前最强大的装甲车。我还向他们讲述了在托布鲁克陷落的第二天清晨我与总统、马歇尔将军在一起的往事，当时美国第一装甲师是多么需要这些"谢尔曼"式坦克啊，可是，为了给我们一次机会，或是确保我们能够保住亚历山大港、开罗和埃及，这些坦克一经分配就立刻从美国第

一装甲师调离。他们将拥有"谢尔曼"式坦克，他们将成为世界装甲部队的佼佼者，我认为，义勇骑兵师从中得到了慰藉。

返回开罗的路程十分漫长，而且一路颠簸。最后，我于下午五时前抵达。

*　　*　　*

现在，我必须告诉奥金莱克将军他即将被撤去司令官职务的消息。据以往经验，用书信通知这种令人不快的消息要比口头通知好一些。于是，我派雅各布上校乘机前往奥金莱克将军总部，并为他带去这封信：

尊敬的奥金莱克将军：

1. 你在 6 月 23 日致帝国总参谋长的电报中提出即将卸任司令官一职的问题；你还提到，亚历山大将军是不错的接任人选。由于当时战况危急，英国政府并未答应你这一高瞻远瞩的请求。但是，你还是按照我在 5 月 20 日的电报中的提议进行英勇指挥，正如我一直期望的那样。你已阻止事态的恶化，如今，前线形势趋于稳定。

2. 根据你以往提及的缘由，现在战时内阁决定改组司令部。我们打算将波斯和伊拉克从当前的中东战区划出。亚历山大将受命指挥中东战区，蒙哥马利将负责统率第八集团军，而我建议由你指挥伊拉克和波斯战区，包括第十集团军在内，总部设在巴士拉或巴格达。目前，这个战区确实比目前的中东战区小，可是，几个月以后，这里可能就会成为决战的场地。此外，第十集团军的增援部队已在途中。你在这个战区有特殊的经历，又可与印度保持联系。所以，我希望你能继续发扬大公无私的精神——正如你以往在任何公众场合表现的一样，遵从我的意愿和指令。亚历山大即将抵达，当然，

我们会根据敌方作战行动的变化而变化；我希望，下周初我们能在西部战线以最顺利、最有效的方式办理交接事宜。

3. 你若方便，我非常乐意与你见上一面。相信我。

温斯顿·丘吉尔

开罗

1942 年 8 月 8 日

另外，我还委托递交此信的雅各布上校转达我对戈特将军突然牺牲的哀痛之情。

我将这些全部告诉了总统。

前海军人员致罗斯福总统：

想必您已看到英国参谋长委员会从伦敦发给在华盛顿的参谋长联席会议的电报，其中提及提前执行"火炬"计划一事。我确信，这是当务之急，我们必须付出超乎常人的努力。每一天都至关重要。我已向伦敦发去电报，祝贺艾森豪威尔将军担任"火炬"计划的盟军总司令，英国将领们将全力配合他的工作。

我最近忙于必须进行的中东司令部改组工作。我正将伊拉克和波斯从中东战场分离出来，并任命奥金莱克将军接棒指挥。亚历山大将接替他担任中东总司令。原本打算任命亚历山大指挥下的戈特将军为第八集团军司令，但他于昨日遭遇空难。我建议蒙哥马利接任这一职位。如此安排可令大家高度集中于战斗。若中东一战取得胜利，可能会对法国人对待"火炬"计划的态度产生决定性影响。

1942 年 8 月 8 日

晚上，雅各布归来。奥金莱克以军人的气概冷静地接受了这个事实。但他表示不愿接受新司令官一职，而且将于明天与我会面。

雅各布在日记中写道：

> 首相正在睡觉。他于六时醒来，我必须尽可能地将我与奥金莱克将军之间的对话如实相告。之后帝国总参谋长加入我们……首相的心思完全放在如何打败隆美尔，以及让亚历山大将军全权负责西部沙漠战事之上。他不明白，如今沙漠战事如此关键，亚历山大为何留在开罗而让他人上战场进行指挥。首相焦躁地走来走去，大声地谈论这个问题，他希望奥金莱克将军能遵从他的意见。"隆美尔，隆美尔，隆美尔，隆美尔！"他大喊道，"还有什么是比打败他更重要的事情吗？"

8月9日上午，亚历山大将军抵达，与我和帝国总参谋长共进早餐。

奥金莱克于正午过后抵达开罗，我们交谈了将近一个小时，谈话气氛相当沉闷，但也没什么值得苛责的地方。

于是，我发出一封电报，内容如下：

首相致伊斯梅将军：

> 奥金莱克将军不愿接受伊拉克—波斯战线司令官一职。可是，我仍然相信，他是不二人选。我多给了他几天时间让他好好考虑。我不会过度勉强他，但又担心，这一变化太过突然以致他无法做出决定。奥金莱克将军最后还是以军人的风度接受了这一任务，尽管他也感到苦恼。
>
> 目前，相关军事当局正研究提议的划分伊拉克和波斯为独立指挥部的相关问题，以及随之产生的行政方面的变化。如果三军参谋长能为这一政策的实施提出绝佳意见，我将感到十分高兴。史末资元帅已返回南非，但是，帝国总参谋长和亚历山大将军与我意见一致：此时应当划分独立司

令部……

1942 年 8 月 10 日

在同一天，我给奥金莱克将军写了一封信：

> 在回国的途中，我打算于 14 日或 15 日在巴格达召开一次会议，专门讨论伊拉克和波斯战区的独立机构设立问题……
>
> 到时，我想知道你是否能承担我提议的这一艰巨而严峻的任务。如果你愿意全心全意地担任司令一职——正如我所坚信的那样，那么我希望你能前来巴格达与我会面，当然，在这之前你需将交接工作办妥。

亚历山大将军在当晚与我会面，我们共同草拟了一份关于司令部人员变动的最终协议。我向伦敦方面进行了详细汇报：

首相致伊斯梅将军，并转至相关人员：

1. 你应立即宣布，戈特将军已在作战中牺牲。

2. 8 日，我写信给奥金莱克将军，告诉他我们已做出的决定；昨天，即 9 日，他前来与我会面。责权交接将从 9 日开始，三日之内完成，除非亚历山大将军要求再延长一段时间，当然这也不太可能。交接完毕后，亚历山大将会通知你，届时你应按照以下形式宣布：

（1）亚历山大将军接替奥金莱克将军，指挥驻守在中东的英国部队。

（2）蒙哥马利将军继任里奇将军为第八集团军司令。

（3）任命麦克里里将军为亚历山大将军参谋长。

（4）伤势痊愈的拉姆斯登将军接替在战斗中牺牲的戈特将军为第三十军司令。

3. 在收到亚历山大将军接任完毕的报告之前，必须严格

保密。新闻大臣可事先将此事私下告诉报社社长和（或）编辑，并强调最高司令部经过重大改组之后鼓舞西部沙漠部队士气的重要性。国务大臣也将采取类似的举措。

…………

7. 我向亚历山大将军下达以下指令，他欣然接受，帝国总参谋长也对此表示赞同：

（1）你们的首要任务是俘获或摧毁由隆美尔陆军元帅指挥的德意部队，以及他们在埃及和利比亚的所有物资和设施。

（2）在不妨碍执行第一任务的情况之下，你将负责履行或是被要求履行其他与英国利益休戚相关的指挥方面的职责。

到战争后期，这一指令的重点有可能发生变化，但我确信，当前必须做到任务简明、目标专一。

1942 年 8 月 10 日

六个月后，亚历山大才进行回复，而我将在适当的时候对此加以叙述。

FIVE

莫斯科之旅

飞越高山抵达德黑兰——伊朗国王的夏宫——跨波斯铁路会议——从德黑兰前往莫斯科——在克里姆林官与斯大林会面——沉闷的开始——"1942年不开辟第二战场"——双方的争执——黑暗背景的创建——我介绍"火炬"计划——"愿上帝保佑这一计划取得成功"

在我访问开罗期间,莫斯科之旅的准备工作已在进行。我曾于8月4日致电斯大林:

首相致斯大林元帅:
　　我们打算过几天离开这里,中途在德黑兰稍作停留,于次日抵达莫斯科。
　　与贵方空军协商之后,英国皇家空军当局将对部分细节做出安排。我希望您能通知他们尽力协助我方做好工作。
　　关于具体日期,除了我之前提到的以外,其他具体日期暂不确定。

1942年8月4日

我也迫切希望美国能积极加入即将召开的会谈。

前海军人员致罗斯福总统:
　　在接下来与约瑟夫①的会谈中,我希望您能给予支持和

---

① 即约瑟夫·维萨里昂诺维奇·斯大林。——译者注

帮助。您能否派艾夫里尔①与我同行？如果我俩密切合作，事情将会好办很多。毕竟在和苏联打交道时我并不是很有经验。请您另复一份对伦敦的回电。我不想让别人知道我的行踪。

1942 年 8 月 5 日

罗斯福总统致前海军人员（开罗）：

　　我将要求哈里曼尽早动身前往莫斯科。我认为您的想法是正确的，同时我也会转告斯大林，哈里曼将在你们的共同指挥下协助各方面的工作。

1942 年 8 月 5 日

哈里曼及时抵达开罗与我们会合。

＊　　　＊　　　＊

　　8 月 10 日晚，在开罗大使馆与各界名人享用晚餐后，我们启程前往莫斯科。我们一行人包括帝国总参谋长、会说俄语的韦维尔将军、空军中将特德和亚历山大·卡多根爵士，分三架飞机前往。艾夫里尔·哈里曼与我共乘一架。黎明时分，我们正飞向库尔德斯坦山脉。当天天气不错，范德克鲁特看起来也心情欢畅。在抵达该山脉附近时，看着此起彼伏的高地，我问他准备以多高的高度飞越此地，他说九千英尺就够了。但从地图上看，有些山峰高达一万一千至一万两千英尺，在远处似乎还有一座一万八千或者两万英尺的山。所以只要不被云层阻挡视线，我们完全可以平安穿越这些山峰。即便如此，我仍然要求范德克鲁特飞到一万两千英尺高，我们也不得不开始吸氧。上午八点三十分我们降落在德黑兰机场，在即将落地时，我注意到高度计上显

①　即威廉·艾夫里尔·哈里曼。——译者注

示的是四千五百英尺，无知的我以为高度计出了问题，于是对范德克鲁特说："起飞前最好把这个调一下吧。"他却回答道："德黑兰机场的海拔高度就有四千多英尺呢。"

在机场迎接我的是英国驻德黑兰公使里德·布拉德爵士。他是一个意志坚定的英国人，长期在波斯工作却从没心存幻想。

我们已来不及在天黑前飞越厄尔布鲁士北部山脉，伊朗国王也邀请我同他共进午餐。用餐的宫殿修建在陡峭的山岭上，周围绿树成荫，中间还有一个游泳池，令人耳目一新。一眼望去，上午看见的那座雄峰正散发着粉橙相间的光芒。下午，我在英国公使馆的花园里与艾夫里尔·哈里曼及英美铁路当局高层召开了会议，会议持续了很长时间，最终我们决定由美国接管波斯湾到里海一线的横跨波斯的铁路。这条刚刚由英国公司修建好的铁路在工程技术上是一项伟大成就。这条铁路途经多处山谷，跨越三百九十座大型桥梁。哈里曼说，总统愿意全权负责让铁路发挥最大效益，并将通过军方尽可能为我们提供火车头、火车及技术人员。于是我们同意移交，不过明文规定，我们对主要军事需求享有优先权。德黑兰这座城市既闷热又嘈杂，那里似乎人手一辆汽车，到处充斥着喇叭的声音，因此，我便在英国公使馆的夏季公馆下榻，那里树木茂盛，海拔比城市地区高一千英尺。

次日清晨，也就是8月12日星期三的早上六点三十分，我们启程出发。在经过通向大不里士的大峡谷时，飞机慢慢上升，然后向北飞向位于里海的安扎利港。我们以一万一千英尺的高度飞过第二条山脉——厄尔布鲁士山，飞越了所有云层和山峰。苏联政府还派来两名军官，指导我们飞行并保证我们安全着陆。太阳从东方徐徐升起，白雪皑皑的山顶闪耀着金色的光芒。我发现空中只有我们一架飞机在飞行，无线电讯传来报告，帝国总参谋长、韦维尔将军、卡多根及其他人乘坐的第二架飞机引擎出了问题，必须返回德黑兰。两个小时后，我们飞过安扎利港，波光粼粼的里海出现在眼前。我从未到过里海，但我记得，二十五年前我曾以陆军大臣的身份接管过里海的一支舰队，他们负责管辖这片蔚蓝、平静的水域将近一年之久。飞机正在慢慢下降，我们可以不用吸氧了。向里海西边望去，我们隐约可以看见巴库和巴库油田。如今德军在里海附近活动频繁，我们只好取道古比雪夫，尽量远离斯大林格勒及德苏战场。于是，我们来到了伏尔加河三角洲附近。目光所及之处尽是苏联的广袤土地，褐色的大地，一马平川，不过却杳无人烟。随处可见的方方正正的耕地，说明那里曾是一片国营牧场。气势磅礴的伏尔加河流经一片广阔的黑色沼泽地，河流蜿蜒曲折、连绵不绝，在阳光的照射下闪闪发亮。有时眼前又会出现一条路，像尺子一样笔直地从一边的地平线延伸到另一边。就这样大约过了一个小时，我才经过炸弹舱回到客舱睡觉。

我反复思量着我来到这个国家的使命。在它诞生之初，我一度力图将它扼杀在摇篮里；在希特勒出现之前，我一直把它当作文明自由的死敌。此时此刻，我该对他们说些什么呢？素来爱好文学的韦维尔将军将我要说的话汇编成了一首诗，并在昨天晚上拿给我过目。全诗分为好几节，每一节的最后一句都是"不在1942年开辟第二战场"，这无异于画蛇添足。但我还是认为，我有必要亲自与他们讲明事情经过，并面对面与斯大林交谈，而不是发几封电报或经由中间人转告。这样至少能让他们知道还有人关心着他们的命运，还有人理解他们付出的努力对二战的意义。过去我们一直仇视他们的政权，在希特勒攻打苏联之前，他们本可以看着我们一步一步被希特勒消灭，坐视不管，然后兴高采烈地与德国瓜分英国在东方的领地，但他们却没有这样做。

今日风和日丽，阳光和煦。由于我迫切希望尽快抵达莫斯科，我们不再从古比雪夫绕道而行，而是直奔首都莫斯科。但我又担心错过苏联准备的盛大欢迎宴会。下午五时，莫斯科的标志性尖塔和圆顶映入眼帘。我们按照事先精心制定的路线盘旋下降——所有沿线炮台已提前收到通知，最后我们降落在机场。这是我在大战期间还将再度访问的地方。

迎接我们的是以莫洛托夫为首的苏联将军们和整个外交使团，以及这种场合下照例到来的一大批摄影师和记者。我检阅了一支衣着华丽、讲究军事礼节的大型仪仗队，乐队演奏完英、美、苏三国国歌后

——三大国的团结预示着希特勒的灭亡，他们开始进行方阵表演。我被领到麦克风前，发表了一则简短讲话。艾夫里尔·哈里曼则代表美国发表讲话。他将在美国大使馆下榻。莫洛托夫先生用他的私人座驾送我去已安排好的住所——国家别墅七号，离莫斯科大概八英里远。在经过莫斯科空旷的大街时，我摇下窗户想呼吸一会儿新鲜空气。我惊讶地发现车窗玻璃竟有两英寸厚，这是我见过的最厚的车窗玻璃。"部长说这样更安全。"翻译官帕夫罗夫解释道。半个多小时后，我们到达了那座别墅。

*　　　*　　　*

这里的一切尽显奢华。他们为我安排了一位身材高大、相貌堂堂的副官（我感觉他是出身于沙皇政权下的贵族家庭），他也极尽东道主之谊，对我们彬彬有礼，细心周到。许多资深服务员身着白色夹克，面带微笑，非常能够迎合客人的心意和需求。餐厅的长桌和各种橱柜里摆满了佳肴和美酒，只有最高权力者才能享用。他们带我穿过一间偌大的客厅，到达卧室和浴室，二者几乎一样大。明亮甚至耀眼的灯光将这房间照得一尘不染。浴室里的冷水和热水喷涌而出。经过酷热的长途旅行后，我早就想洗一个热水澡了。服务员们立刻为我做好了准备。我发现，浴池并未由冷热水水龙头分别供水，浴池也没有塞子。冷热水是从同一个地方喷出的，而水温恰如人意。另外，人们不需要在水盆里洗手，只要对着水龙头冲即可。我在家偶尔也这么做。如果不缺水资源的话，这样最好不过了。

洗漱过后，我们受到盛情款待，餐厅里的食物和美酒应有尽有，当然包括鱼子酱和伏特加，而且还有许多从法国和德国运来的美酒佳肴，但我们既没有心情也没有条件享受这种待遇。我们时间有限，吃完饭要立刻启程前往莫斯科。我告诉莫洛托夫，我准备当晚与斯大林会面，于是他把时间安排在了七点。

抵达克里姆林宫后，我第一次见到这位伟大的革命领袖、深谋远虑的苏联政治家和军人，未来三年内，我都将和他保持既亲密又严肃的关系——时而令人愉快，时而亲切友好。我们的会议持续了将近四个小时。由于布鲁克、韦维尔和卡多根乘坐的第二架飞机尚未抵达，在场的只有斯大林、莫洛托夫、伏罗希洛夫、我、哈里曼、我们的大使以及翻译官。这里提及的内容均基于我们保存下来的会议记录、我的记忆以及当时发回英国的电报进行的还原。

　　会议前两个小时的气氛沉闷而严肃。我开门见山地提出开辟第二战场的问题，并表示我会直截了当地谈论这个问题，同时希望斯大林也能够坦率处之。若不是他保证过将同我谈论现实问题，我绝不会专程到访莫斯科。当初莫洛托夫先生来伦敦时，我就告诉他，我们正计划在法国采取行动以分散德国兵力。我还明确地告诉莫洛托夫先生，我无法对 1942 年的行动做出任何保证，实际上，我还给了他一份相关的备忘。但从那时起，英美两国开始仔细研究这一问题。最终两国达成一致，不能在 9 月之前展开这项重大行动，可从气候条件来看，9 月又是最后一个适合作战的月份。然而，正如斯大林元帅所知，英美两国准备在 1943 年发动一场大规模战役。为此，我们已经安排一百万美国士兵于 1943 年春在英国集合，他们被编为一支拥有二十七个师的远征军，英国也将为此增援二十一个师的武装力量。大约一半的军队将配备装甲武器。到目前为止，仅有两个半美国师抵达英国，但在 10 月、11 月和 12 月将开始大规模运输。

　　我对斯大林说，我很清楚这个计划无法在 1942 年对苏联提供任何帮助，但等到 1943 年计划准备好时，德国在西欧的力量可能比现在更强大。说到这儿，斯大林眉头紧皱，但他并未打断我。我继续说道，我有充分的理由反对在 1942 年进攻法国海岸。我们的登陆艇只够在设防海岸进行一次登陆战——只够运输六个师的兵力及其物资补给。如果登陆成功，我们可派遣更多师前往，可我们没有多余的登陆艇。现在，我们正在英国，尤其是美国建造大批登陆艇。假若今年能运输一个师的兵力，那么明年就能运输八倍、十倍的兵力。

　　斯大林开始愁容满面，似乎并未被我说服，他还问道是否在所有

的法国海岸线都没有发动进攻的可能性。我拿出一张地图指给他看，除了真正的横渡海峡，很难在其他地方实行空中掩护。斯大林似乎并未理解，又问了一些与战斗机航程相关的问题。比如，战斗机不是可以一直往返作战吗？我向他解释道，战斗机的确可以往返作战，但这样的飞行距离使他们完全没有时间作战，我还补充说道，空军必须持续作业才能提供空中掩护。斯大林接着说，在法国的德国师都不具备战斗力。对此，我表示反对。此时，在法国驻守着二十五个德国师，其中九个具备一线战斗力。他摇了摇头。我说，我之所以同帝国总参谋长和韦维尔将军一同前往，就是希望他们能同苏联总参谋长详细讨论这类问题。而这类问题已经超越了政治家讨论的范畴。

斯大林的脸色越发阴沉，他说，按照他的理解，我们无法派遣大量兵力开辟第二战场，甚至不情愿派遣六个师的兵力展开登陆行动。的确如此，我们有能力派遣六个师登陆，但这一行动有害无益，将大大妨碍明年即将发动的大规模战争。战争就是战争，不是闹剧。如果因此而引发了一场对谁都无益的灾难，那简直是愚蠢。我说，恐怕我带来的并不是什么好消息。如果投入十五万到二十万的兵力能帮助苏联战场牵制住一部分德军，即使会遭受损失，我们也不会退缩。可是，如果这么做不仅无法牵制德国的一兵一卒，还将影响到 1943 年的行动的话，那将是极大的错误。

斯大林开始焦躁不安，他说，他在战事上的意见与我相左。没有冒险就没有胜利。为什么我们这么惧怕德军？斯大林表示不能理解。按照他以往的经验，上战场就一定会有流血牺牲。如果在战场上没有流血牺牲，你就不会了解军队的价值所在。我问他有没有想过，为什么德军在 1940 年力量达到巅峰之时并未攻打英国，要知道，那时我军只有两万名训练有素的兵力、两百门大炮和五十辆坦克。事实上，他害怕发动这样的战役，横穿海峡作战并非易事。斯大林回答说，不能这样类比。如果希特勒当时在英国登陆，一定会遭到英国人民的反抗，而如果英军在法国登陆，则会受到法国人民的拥护。为此，我还指出，在我们撤退之时，绝不能给希特勒留有报复法国人民的机会，让他们白白牺牲——1943 年的大规模行动还需要他们。

于是，大家陷入一片沉默，气氛十分压抑。最后，斯大林开口说，如果我们无法于今年在法国登陆，他也无权要求我们一定这么做，但他必须说，他与我的看法不同。

*　　*　　*

于是，我打开一幅南欧、地中海和北非的地图。什么是第二战场？它是否只是在英国对面的设防海岸进行一次登陆战？能否采取有助于我们的共同事业的其他作战形式？我认为最好把斯大林的视线一步一步地转移到南方。比如，我们能否在英国集中兵力，进而将敌军牵制在多佛尔海峡，同时在其他地方发动进攻——比如卢瓦尔河、纪龙德河，或者是斯凯尔特河一带——完全有希望这么做。事实上，这就是明年大规模作战的整体情况。斯大林担心这一计划不可行。我说，尽管发动一百万人的登陆战的确有困难，但我们必须继续坚持并勇于尝试。

接下来，我们谈及轰炸德国的问题，并就这一问题达成一致。斯大林强调打击德国人民斗志的重要性。他说，他极其重视轰炸；他也明白，我们的突袭在德国产生了巨大影响。

这一小段插曲过后，气氛稍有缓和。斯大林从我们长时间的会谈中觉察到，我们要做的并非采取"痛击"行动，也非"围歼"行动，而是通过轰炸德国扳回一局。我决定先解决最为棘手的问题，为我接下来即将实施的计划做一个恰当的铺垫。所以，我并不打算立刻缓和当前的沉闷气氛。事实上，我还专门提出过要求，患难之时朋友和战友之间应开诚布公，直言相告。不过会议中双方仍是彬彬有礼，毕恭毕敬。

＊　　＊　　＊

实施"火炬"计划的时候到了。我说道，我想重新谈一谈 1942 年的第二战场问题，这也是我此行的主要目的。我认为，法国并不是唯一适合执行这一计划的国家。还有其他地方适合，我们与美国决定共同执行另一计划，而且美国总统已授权我将此事秘密告诉斯大林。现在我正准备这样做。我再次强调了保密的重要性。这时，斯大林直起身板，笑着说，他希望此事不会在英国报纸上出现。

于是，我详细介绍了"火炬"计划。在我描述的过程中，斯大林表现出浓厚的兴趣。他提出的第一个问题是，西班牙和维希法国将对此做何反应。过了一会儿，他又说道，从军事方面来看，这一计划时机恰当，从政治方面来看，他却怀疑这将对法国产生怎样的影响。他特别询问到何时开始执行这一计划，我回答说在 10 月 30 日之前，但总统和我们全体同僚将力争在 10 月 7 日实行。这似乎让在座的三个苏联人如释重负。

随后，我描述了解放地中海将带来的军事优势，并由此开辟另一战场。我们必须在 9 月占领埃及，10 月占领北非，而且在此期间将敌人一直牵制在法国北部。如果能于今年年底占领北非，我们将进一步威胁希特勒在欧洲的腹地，这场战役应被视为 1943 年"火炬"行动的协同行动。这就是我们和美国人共同决定实施的另一计划。

为了阐明观点，我画了一张鳄鱼图，借此向斯大林解释我们是如何在攻击鳄鱼坚硬鼻子的同时攻击它柔软的腹部的。此时，斯大林已是兴趣盎然，他说道："愿上帝保佑这一计划取得成功。"

我强调，我们愿意帮助苏联缓和紧张的局势。如果我们在法国北部采取行动，就会遭遇惨败。如果我们在北非采取行动，则有望取得胜利，而且将对欧洲有所帮助。如果我们占领北非，希特勒一定会调回他的空军部队，否则我们将摧毁他的盟军，比如意大利；而且他还将发动一场登陆战。北非行动对土耳其以及整个欧洲南部的战事都将产生重要影响，而我所担心的是，敌人可能会先发制人。如果今年攻下北非，我们就能在明年给希特勒致命一击。此次谈话成了整个会谈的转折点。

之后，斯大林开始谈及政治方面的种种困难。英美共同占领"火炬"计划区域是否会使法国产生误会？我们应该如何向戴高乐解释？我回答说，在此阶段，我们不希望他介入此次行动。法国维希政权很可能对戴高乐主义者开火，但炮轰美国的可能性很小。哈里曼不但引证了美国特工从各"火炬"地区传来的赢得总统信任的情报，还引述了李海海军上将的意见，而这都有力地支持了我的上述论断。

＊　　　＊　　　＊

说到这里，斯大林似乎突然领会了"火炬"计划带来的战略优势，他列举出四个方面：第一，能给隆美尔背部一击；第二，能威慑到西班牙；第三，能引发法德之间的斗争；第四，能让意大利卷入战争。

如此卓越的洞见给我留下了深刻的印象。这显示出苏联领导人迅速敏捷、全面理解新问题的能力。现世几乎无人能在几分钟之内就理解实施这一计划的理由——我们几个月以来一直争论不休的那些理由。斯大林却在瞬间明白了其中的全部意义。

我补充了第五个理由——横穿地中海，缩短航程。斯大林想知道我们能否顺利横穿直布罗陀海峡。我说这没什么问题。我还详细地向他描述了埃及司令部的改组情况，以及我们将于8月底或9月在那里发动一场决定性战役的决心。最后，他们显然都赞同"火炬"计划，尽管莫洛托夫问到是否能在9月执行。

于是，我补充说道："当前法国士气低落，我们希望能令其重拾信心。"法国了解马达加斯加岛和叙利亚的重要性。美军一到，法国自然就会与我们站到同一战线。这将令佛朗哥受到威胁。德国可能会立刻对法国说，"交出你们的舰队和土伦"。那么，法德之间将产生新的

矛盾。

我还提到，为了保卫里海和高加索山脉，英美联合空军将调往苏军南翼，并在这一战场作战。然而，我并未细谈此事，因为我们首先必须打赢埃及之战，而且我也不知道总统对此有何安排。如果斯大林赞成这么做，我们将制定具体方案。他表示，如果我们能够提供援助，他将十分感激，但具体地点等问题还需进一步研究。我非常热衷于这一计划，因为英美联合空军与德国空军将由此上演一场更加激烈的战斗——这有助于我们在更加有利的条件下获得制空权，而不会在多佛尔海峡招致任何麻烦。

然后，我们聚集在一个大型地球仪前，我向斯大林说明，肃清地中海敌人将给我们带来巨大的好处。我告诉他，如果他还希望与我会面，我将乐意前往。他回复说，苏联的风俗习惯是由客人表达愿望，而且他已做好随时接待我的准备。现在，他已然了解最糟糕的情况，但我们还是在友好的气氛中告别。

目前为止，会议已经持续了将近四个小时。抵达国家别墅七号还需要至少半个小时的时间。尽管我十分疲惫，但还是于午夜过后向战时内阁和罗斯福总统口述电报。此时我的感觉是，至少僵局已经打破，充满人情味的关系也重新建立。于是，我酣然入梦，沉睡良久。

第六章

SIX

与莫斯科建立了联系

同莫洛托夫会谈——在克里姆林宫同斯大林进行第二次会晤——煞费苦心的谈判——高加索山脉的问题——一段友好的插曲——"过去的事应该属于上帝"——两国军事参谋人员会谈失败——六小时的会谈——斯大林论集体农庄政策——英苏联合公报——到达德黑兰——我向战时内阁和罗斯福总统汇报

第二天早上,我从豪华的卧室里一觉醒来,已经日上三竿。那天是 8 月 13 日,星期四。对我而言,这一天永远是"布伦汉姆纪念日"。按照事先的安排,我中午前往克里姆林宫拜访了莫洛托夫,更清晰、全面地向他阐释了我们之前计划的各项军事行动的要点。我还指出,如果英国因为放弃"痛击"计划而遭受指责,不得不公开反对这些军事行动的话,我们的共同事业将遭受巨大的损害。同时,我也更详细地说明了"火炬"计划实施的政治环境。莫洛托夫十分亲切地倾听着,但是并未给出任何建议。随后,我向他提议能否于当晚十时再次约见斯大林。当天晚些时候,我收到回复,说十一时会更加合适。由于所需探讨解决的问题与昨晚相同,他问我是否愿意携哈里曼一同前往。我说可以,而且卡多根、布鲁克、韦维尔和特德也会和我一起去,当时他们已从德黑兰乘坐苏联飞机安全抵达。之前乘坐"解放者"式飞机时,他们差点遭遇一场非常危险的火灾。

作为一名外交家,莫洛托夫温文尔雅却又刻板严肃。离开他的房间之前,我转身对他说:"这类事情双方通常不会立刻达成一致。如果斯大林要粗鲁地对待远道而来的我们,那他可就大错特错了。"谈到这里,莫洛托夫的态度才开始有所缓和,他说道:"斯大林是个十分明智

的人。您可以相信，无论他怎样争辩，对于这一切，他都能理解。我会将您的话转告给他。"

我准时回到国家别墅七号享用午餐。

*　　*　　*

室外风和日丽，在英格兰也会有这样的天气，这是我们的最爱。我认为我们应该游览一下这个地方。富丽堂皇的国家别墅七号是一栋全新的乡村别墅，伫立在广阔的草地和花园之中，周围是近二十英亩的冷杉木林。在这里散步尤为惬意，而且在气候宜人的 8 月，躺在草地或是松叶上令人十分舒心。园内有几处喷泉，还有一个养着各种金鱼的大玻璃缸。金鱼全都非常温顺，会吃人投喂的食物。我每天都会来喂鱼。别墅四周有栅栏，高约十五英尺，栅栏两侧有大量的警察和士兵守卫。距离房屋大概一百码的地方有个防空洞。我们一到这里就有人带领我们去参观了。它是当前最新式、最豪华的防空洞，其两侧均设有升降梯，下降八九十英尺就能进入地下室。地下室四周都是用极厚的钢筋水泥垒筑，内有八个或者十个大房间，房间之间用厚重的推拉门隔开。这里灯火辉煌，家具也都是豪华时髦、颜色艳丽的"实用之物"。但我还是对金鱼更感兴趣。

*　　*　　*

晚上十一时，我们一起来到克里姆林宫，但只有斯大林、莫洛托夫及其译员接见了我们。随后，一场十分不愉快的会谈开始了。斯大林递给我一份文件。就在译员翻译这份文件时，我表示，我将通过书面方式答复他，而他也必须了解，我们已下定决心遵循这个行动方针，责备将毫无意义。此后，我们争论了约两个小时，在此期间，斯大林说了很多令人不愉快的事情，尤其是他提到我们过于害怕与德军作战，如果我们能像苏联人一样英勇作战，就会发现战况并没有那么糟糕；

此外，我们也没有遵守诺言执行"痛击"计划；没有像之前承诺的那样向苏联提供物资援助，反而是在满足自己所需之后才把剩余的少许物资运到苏联。很显然，他的这些怨言不只是针对美国，也是说给英国听的。

我直截了当地驳斥了他，但是不带任何辱骂的字眼。我以为他会不习惯一再遭受反驳，但他丝毫没有动怒，甚至也不激动。斯大林反复强调，英美已经掌握了制空权，因此两国部队可在瑟堡半岛登陆六个或八个师。他认为，如果之前英军能像苏军一样英勇抗击德军，那么现在就不会如此惧怕敌人。苏军和英国皇家空军都已经证明，打败德军是可能的。如果英国陆军同苏军同时作战，那么英军也一定能够取得胜利。

我打断他说，至于他对苏联陆军英勇作战的这番评价，我不会计较。但他在瑟堡登陆的提议却完全忽略了英吉利海峡的存在。最后，斯大林说，英苏两国不能再争执下去了。他必须接受我们的决定。随后，斯大林突然邀请我们参加明晚八时的宴会。

我接受了邀请，并说我将于后天，即 15 日黎明乘机离开。"约大叔"① 似乎对此有些担心，问我能否多留些时日。我回答说，当然，如果能取得一些有益的成果，无论如何我也会多等一天。随后，我大声指责他态度中毫无战友情谊。为了建立良好的合作关系，我可是不远千里来到这里。我们曾竭尽全力帮助苏联，将来也会继续这么做。为了对抗德国和意大利，我们在这儿整整孤军奋战了一年。如今，既然三大国已经联盟，那么只要我们的关系不破裂，就一定能够取得胜利。说这番话时我有些激动，在译员翻译我的话之前，他表示很喜欢我说话的语调。于是，我们在不那么紧张的气氛中继续会谈。

斯大林专心致志地高谈阔论起苏联的两型发射火箭的火炮，并称其具有毁灭性；他还提议说，如果我们的专家愿意等待，就演示给他们看。他说，会让我们知晓有关火炮的所有情报，但我们是否应该以

---

① 约大叔，指斯大林。——译者注

什么东西作为交换呢？我们应否就交换科学发明情报订立一个协议呢？我回答说，我们将无条件地提供一切情报，只是有些新设备在经由飞机运送，穿越敌方战线时会被敌军击落，从而令轰炸德国变得更为艰难。这就另当别论了。他表示同意。斯大林还说，苏方军事当局应与我方将军们会面。于是，这一会面安排在了下午三时。我说道，他们至少需要四个小时才能深入讨论与"痛击"计划和"围歼"计划相关的各种技术问题。他思考了一会儿说，从军事方面来看，"痛击"计划是正确的，但在政治方面却需要更加审慎，也就是说，需要更加谨慎地处理。他还时不时地提起"痛击"计划，颇有怨言。当他说到我们不曾遵守诺言时，我立刻反驳说，"我不赞同这一说法，我们之前遵守了每一项承诺"，我还指着与莫洛托夫的备忘录给他看。他表达了歉意，还说只是真情流露，我们之间并无猜疑，只是见解不同而已。

最后，我问及高加索的情况。他打算防守高加索山脉吗？准备派遣多少个师驻防？于是，他派人送来一个地形模型，并凭借清晰的知识，用坦率的口吻向我解释这一关口所需的兵力。斯大林说目前有二十五个师随时待命。他指着各个关口说，这些地方都将派兵驻防。我问道，这些地方是否都已设防，他回答说："是的，当然。"苏联战线——敌军还未到达——位于这条主要山脉的北部。他说，他们需要坚守两个月，因为到时就已大雪封山。约大叔说非常有信心做到这一切，之后又详细介绍聚集在巴统的黑海舰队兵力。

这一部分的会谈相对顺利，但当哈里曼问及途经西伯利亚运送美国飞机这一计划时——在美国长期的催逼之下，苏联不久前才答应同意执行，他敷衍地回答道，"战争的胜利并不是靠计划来赢取的"。在此次会谈中，哈里曼全程支持我，我们二人都未曾让步，也都未说一句刻薄的话。

在我们准备离开时，斯大林起身行礼，并向我伸出手。于是，我同他握了握手。

*　　*　　*

8月14日，我向战时内阁进行汇报，内容如下：

我们扪心自问，为何会出现这种情况，以及为何我们于昨晚达成的结果又发生了变化。我认为，最可能的原因是，人民委员会并未像斯大林一样准确地解读我所带去的消息。他们掌握的权力可能比我们想象中的大，但是他们对情况却缺乏了解。或许，斯大林是想为自己的未来争取更大的利益，也可能只是发发牢骚而已。卡多根说，在圣诞节与艾登开始会面时出现过类似的僵局；哈里曼说，在比弗布鲁克代表团开始访问之际，斯大林也同样使用过这种伎俩。

经过深思熟虑，我还是认为，在斯大林的内心深处，他其实明白我们是正确的，而且今年参与"痛击"作战计划的六个师于他也不会有任何益处。我确信，凭借他可靠而敏锐的军事判断力，他一定会强力支持"火炬"计划。我认为，赔礼道歉也不是没有可能。对此，我还是有信心的。无论如何，我仍相信，通过辩论得出的结论比其他任何方式都好。他们从未有过放弃作战的时刻，我认为，斯大林对赢得胜利十分有信心。

当我感谢他为我们提供四十架"波士顿"式飞机时，他做了一个不屑一提的手势，并说道"这些都是美国飞机。当我支援你苏联飞机时，你再感谢我吧"。他说这些话并没有轻视美国飞机的意思，只不过是更加重视自己的实力而已。

我十分体谅他，因为他们目前正面临着巨大的压力。最后，我认为他们想对这次访问进行大肆宣传。

＊　　＊　　＊

以下是斯大林交予我的备忘录：

今年 8 月 12 日在莫斯科交换意见之后，我已能确定，英国首相丘吉尔认为于 1942 年在欧洲开辟第二战场不再可能。众所周知，于 1942 年在欧洲开辟第二战场是在莫洛托夫逗留伦敦期间做出的决定，此外，这一决定经英苏两国同意后在 6 月 12 日的英苏联合公报上发表。我们还了解到，开辟第二战场旨在令东线的德军撤往西欧，并在西欧建立抵抗德国法西斯军队的重要基地，从而缓解 1942 年苏德战线上苏军所面临的严重局势。不难理解，如果英国政府拒绝于 1942 年在欧洲开辟第二战场，那么对苏联全国舆论将是致命一击，因为苏联还指望着第二战场的开辟，此外，这也会令战场上的红军所面临的形势变得复杂，进而妨碍苏军指挥计划的执行。我并非指向这一事实——由于英国拒绝于 1942 年在欧洲开辟第二战场，红军将面临更多的困难，毫无疑问，这对英国和所有其他同盟国的军事形势都会造成负面影响。我和我的同僚们认为，1942 年存在着在欧洲开辟第二战场的最有利条件，因为几乎全部德军，准确地说，是最精锐的德军都已调往东部战场，而且留在西欧的德军为数不多，战斗力也不强。至于 1943 年开辟第二战场的条件是否将如 1942 年那样有利，便无从得知。

因此，我们认为，于 1942 年这一年在欧洲开辟第二战场是可能的，而且会卓有成效。然而，遗憾的是，我却未能说服英国首相，而美国总统代表哈里曼先生在莫斯科召开的会议上完全支持首相先生。

1942 年 8 月 13 日

次日，即 8 月 14 日上午，好好休息一番之后，我在帝国总参谋长和卡多根的帮助下准备如下回复，我认为这一回复不但恰当而且不容置疑：

1. 1942 年的最佳第二战场，以及在大西洋唯一可能展开的大规模行动是"火炬"计划。这个计划如果能够在 10 月付诸实施，就能够比其他计划给予苏联更多的帮助。这一计划不但能为 1943 年作战行动做好铺垫，而且具备斯大林元帅于 8 月 12 日的会谈中所提及的四大优势。英美两国政府已下定决心执行这个计划，并正以最快的速度进行一切准备工作。

2. 与"火炬"计划相比，用六个或是八个英美师攻击瑟堡半岛和英吉利海峡岛屿是一次冒险而无益的军事行动。德军在西欧有充足的兵力，因此能在这个设防的狭窄半岛上阻挠我们前进，他们还能够在西欧集中所有空军力量对付我们。在英国海陆空当局看来，这一行动只能以灾难告终。即使我军占领了这些据点，也无法令德军从东欧撤出一个师的兵力。此外，这一行动计划对我们本身造成的伤害将比对敌军造成的伤害更为严重，我们也将毫无节制地浪费掉 1943 年真正作战行动所需的重要兵力和登陆舰船。这就是我们目前的看法。帝国总参谋长将同苏联司令官进行详谈，而程度依双方意愿而定。

3. 英美两国都未曾违背诺言。我指着于 1942 年 6 月 10 日给莫洛托夫先生的备忘录的第五段说道。这一段明确地写着："因此，我们不能做出承诺。"冗长的会谈被整理成备忘录，这也充分表明，实施这一计划的可能性非常小。其中的几次会谈均有记录在案。

4. 然而，关于英美两国今年入侵法国的各种言论已令敌军产生错觉，因而敌军已在法国海岸驻扎大批空军和武装部队。如果这一计划引发大众公开争论的话，那么我们的共同

利益，尤其是苏联的利益将受到损害；若真如此，英国政府则有必要向本国人民公开他们所能想到的反对"痛击"计划的有力论据。那么，寄希望于这一计划的大批苏联军队将感到绝望，而敌军则可以任意地从西欧撤出更多的部队。最明智的做法是，用"痛击"计划掩盖"火炬"计划，而在开始执行"火炬"计划时，宣称这一计划是为开辟第二战场。这就是我们打算采取的行动。

5. 我们不准许与莫洛托夫关于第二战场的会谈成为改变苏联最高司令部战略计划的依据，因为已经通过口头和书面的形式保证，会谈只是会谈。

6. 我们再次重申，将采取一切切实可行的方法援助我们的苏联盟友。

* * *

当天晚上，我们出席了克里姆林宫举行的正式宴会，大约有四十人参加，其中包括几位军事指挥官和政治局委员，其他高级官员也一并出席。斯大林和莫洛托夫热情地招待了我们。晚宴持续了很长时间，从一开始人们就频频举杯，并以十分简短的对话相互回应。曾经听到许多关于在苏联晚宴上人们纵饮的可笑故事，可是，这毫无真实性可言。元帅和他的同僚们始终用小玻璃杯敬酒，每次也只是抿一小口。对此，我也应对得很好。

晚宴时，斯大林通过译员帕夫洛夫的翻译十分愉快地同我谈话。他说："若干年前，萧伯纳先生和阿斯特夫人曾经来访。"阿斯特夫人建议邀请劳合·乔治先生访问莫斯科。斯大林回答说："我们为什么要请他来？他可是干涉我们的头子。"于是，阿斯特夫人回答说："情况并非如此，是丘吉尔令他误入了歧途。"斯大林说："不论如何，劳合·乔治是政府的领袖，属左派，应当对此事负责。我们宁愿喜欢真敌人，也不想要假朋友。"阿斯特夫人说："哎呀，这下丘吉尔完蛋

了。"斯大林却说："我也不能肯定是这样。如果大难临头，英国人民或许还要求助于这位老将。"于此，我插话道："她说得有道理。我当时确实干预不少，希望你不要多想。"他十分友好地笑了笑，我问道："您已经原谅我了吗？"译员帕夫洛夫说："斯大林元帅说，这一切都已过去了，而过去应属于上帝。"

＊　　＊　　＊

之后，我与斯大林进行了诸多会谈，在其中的一次会谈中他说道："比弗布鲁克勋爵曾告诉我，他于 1941 年 10 月出访莫斯科时，您问过他，'丘吉尔说他已经就德国即将发动进攻一事警告过我，这是什么意思？'"我回答道："我当然是指我于 1941 年 4 月发给您的那封电报，而且克里普斯爵士还延迟递交了。""我记得。我不需要任何警告。我知道战争即将来临，但我认为，大概还有六个多月的时间。"为了我们共同的事业，我克制着没问，如果我们当时一直撤退，而他向希特勒提供十分有价值的物资、时间以及援助，那么我们将会落得何种下场。

＊　　＊　　＊

一有机会，我就向艾德礼先生和罗斯福总统就晚宴情况进行正式汇报：

前海军人员致副首相和罗斯福总统：

　　1. 宴会在非常友好的气氛中进行，而且按照惯常的苏联礼节举行。韦维尔用俄语发表了精彩演说。我祝福斯大林身体健康，卡多根·亚历山大则举杯咒骂纳粹必然毁灭和消亡。尽管我坐在斯大林右侧，却没有机会与他讨论重要的事情。之后，斯大林、我以及哈里曼一起合影留念。斯大林发表十分冗长的演讲，其中提及"情报部门"，在演讲过程当中，

他还奇妙地引证了 1915 年达达尼尔海峡事件，并说道，英国已经取得胜利，德军和土耳其军队也正在撤退，可是，由于情报有误，我们却对此毫不知情。尽管这一描述不够准确，但却明显表露出对我的恭维。

2. 因为担心被拉去拍照，太过劳累，所以大约凌晨一点半我就离开了。当我向斯大林道别时，他说，我们之间存在分歧只是因为我们所采用的方法不同。我回应说，我们将用实际行动消除这些分歧。与斯大林热情地握手之后，我便起身告辞，准备穿过拥挤的宴会厅，就在此时，他追上了我，陪我穿过走廊和楼梯，走了很长一段路，一直走到前门，我们在那里再次握手告别。

3. 在向您讲述周四晚间召开的会议时，也许我太过悲观。我认为，我必须充分体谅他们极其失望的心情，因为在他们奋力抗战之时，我们无法提供更多的援助。最后，苏军还是吞下这颗苦药丸。我们现在需要做的就是快马加鞭地执行"火炬"计划，击败隆美尔。

1942 年 8 月 17 日

*　　*　　*

我和斯大林达成一致看法，即双方最高军事当局应举行会谈。于是，双方于 8 月 15 日召开了两次会议。

我向艾德礼先生和罗斯福总统汇报会谈结果，内容如下：

星期六，即 8 月 15 日，在莫斯科召开的一次会议中，伏罗希洛夫和沙波什尼科夫同布鲁克、韦维尔和特德会晤，其中后者说明了不执行"痛击"计划的具体原因。尽管苏联方面态度很好，但他们遵照严格的指示，并未发表任何看法。他们甚至未打算就此事进行详细辩论。过了一会儿，帝国总

参谋长仔细询问了高加索的形势，但伏罗希洛夫回应说，他没有权利在这一方面发表任何意见，但会争取这一权利。当天下午召开了第二次会议。苏联方面只是重复斯大林对我们讲过的内容，大概意思是，将调遣二十五个师驻防高加索山脉和两端的通道；苏方相信，他们能守住巴统、巴库以及高加索山脉直至冬雪来临，而到时这一天气将极大地改善他们的处境。然而，帝国总参谋长无论如何也放心不下。例如，伏罗希洛夫说所有关口都已设防，但当帝国总参谋长飞至里海西岸一百五十英尺上空时，只看到北部防线刚开始筑垒反坦克障碍物和掩体等。我与斯大林在私下会谈时，他向我吐露其他令他自信的有力证据，其中包括一次大规模的反攻行动，但是，他让我严格保密，所以我在这里不便多说。我个人的感觉是，他们和敌军势均力敌，可帝国总参谋长并不这么认为。

＊　　＊　　＊

我们在会上谈到的许多内容都让我感到气愤。我十分体谅苏联领导人所面临的紧张局面：在近两千英里长的战线上，战火纷飞，血流成河；德军距苏联只有五十英里远，而且正向里海挺进。军事技术方面的会谈也未能顺利进行。英国方面的将军们问及各种各样的问题，而苏联方面的同僚们无权提供解答。苏方的唯一要求是，"现在开辟第二战场"。最后，布鲁克说话也有些不客气，于是，军事会议突然宣布结束。

我们打算于 16 日凌晨出发。在出发的前一晚，我于七时向斯大林辞行。我们进行了一次有意义且重要的谈话。我还特别问道，他是否能够守住高加索山脉隘口，能否阻止德军进入里海，进而夺取巴库周围的油田，之后再经过土耳其或波斯向南挺进。他摊开地图，十分自信地说："我们将阻止德军前进。他们越不过高加索山脉。"他还接着说："谣传土耳其军将在土耳其斯坦袭击我们。如果他们真这样做，我也一样能对付他们。"我说不存在这种危险。土耳其人意在置身事外，当然不会同英国起争执。

我们近一个小时的谈话逐渐接近尾声，我也打算向斯大林告别。突然之间，斯大林看起来十分局促不安，他用一种从未有过的热切口吻对我说："您天亮才走，为何不到我的家里与我共饮几杯？"我说，我一直很乐意这么做。随后，他领着我穿过许多走廊和房间，一直走到克里姆林宫内一条寂静的道路上，而后又走了几百码，终于来到了他居住的公寓。斯大林向我展示他的房间，不大不小，朴素而大方，总共有四间房——餐室、办公室、卧室和一间比较大的浴室。不一会儿，过来一位上了年纪的女管家，随后又来了一位红色头发的漂亮女孩，她温顺地亲了亲父亲。斯大林朝我眨了一下眼睛，似乎在告诉我，"你看，我们在布尔什维克也是有家庭生活的"。斯大林的女儿开始摆桌子，不一会儿，女管家端上来几盘菜。斯大林则打开各种瓶子，摆满了一桌，令人印象深刻。然后，他说："为何不请莫洛托夫呢？他正在为公报发愁呢。我们可以在这里完成。莫洛托夫有一个特点——他能喝酒。"这时，我才意识到，原来这是一场晚宴。我本打算在国家别墅七号享用晚餐，波兰司令官安德斯将军也正在那里等我，于是，我告诉我那位出色的新翻译官伯尔斯少校，让他打电话通知一声，我午夜过后再回去。不久，莫洛托夫就来了。我们一同就座，再加上两位翻译，共五人。伯尔斯少校已在莫斯科待了二十年，与他们相处得很好，席间两人有时还滔滔不绝地交谈，我竟无从插话。

实际上，我们从晚上八点三十分一直聊到第二天凌晨两点三十分，加上我们之前的会谈时间，共七个多小时。很显然，晚宴是临时筹备的，可是慢慢地，一道又一道的饭菜端上了饭桌。面对诸多美味佳肴，我们细嚼慢咽，细心品尝，这似乎是苏联人的习惯，另外，我们还品尝了各种美酒。莫洛托夫使出浑身解数献殷勤，为了烘托气氛，斯大林也恣意地拿他开玩笑。

不一会儿，我们就谈到了开往苏联的运输船队。当谈及北极护航

舰队在6月几乎全部遭到毁灭之时，他说了一些非常粗鲁的话。我已趁着合适的时机讲过这一事件。当时，我对它的了解不及现在多。

帕夫洛夫有些踌躇地对我说："斯大林先生还问，难道英国海军就没有荣誉感吗？"我回答说："你必须相信我，我们当时的做法是正确的。我对海军和海战比较了解。"斯大林说："那您的意思是，我对此一无所知。""苏联是陆上之雄，而英国是海上之雄。"我说道。于是，他无言以对，但又恢复了之前兴致勃勃的状态。我转向莫洛托夫，开始与他聊天。"元帅是否清楚，他的外交部长最近在出访华盛顿时曾说，他下定决心访问纽约完全是自己的主张，迟迟未归并不是因为飞机出现了故障，而是出于自己的意愿？"

尽管在苏联人的饭桌上可以尽情地开玩笑，但莫洛托夫却十分认真地看待这些话语。可是，斯大林在讲话时还是面露悦色："他去的不是纽约，他去的是暴徒们的所在地，芝加哥。"

于是，我们之间的关系又完全恢复到融洽的状态，交谈仍在继续。我开始讨论由苏联支持的英军在诺曼底登陆的问题，还解释说，如果我们在冬天占领北开普敦，并消灭那里的德军，就可开辟出一条护航线。这一直都是——正如你们所看到的那样——我最喜欢的计划之一。斯大林似乎非常感兴趣，谈论完执行计划的方式和方法后，我们就达成了一致，如果有可能，就一定执行。

* * *

午夜时分已过，卡多根还未草拟好公报。

我问道："告诉我，对您个人而言，在此次战争中所面临的压力是否同贯彻集体农庄政策一样大呢？"

这一话题立刻让元帅兴奋起来。

他说："不，集体农庄政策是一场可怕的斗争。"

"我认为，您一定觉得不好实施。"我说道，"因为您要应对的不是几百万贵族或大地主，而是几百万的小人物。"

他举着手说："是千万哪，这是多么可怕啊，而且将持续四年的时间。如果要避免周期性饥荒，那么对苏联来说绝对有必要使用拖拉机耕地。我们必须使农业机械化。如果把拖拉机分给农民，他们在几个月内就会把拖拉机全部用坏。只有带车间的集体农庄才会使用拖拉机。我们费尽心力地向农民解释，可是，与他们争论毫无意义。当你竭尽所能将这一切告诉农民之后，他却说他要回家问问妻子的意见，还要征询牧主的看法。"对于后一种说法，我还是第一次听说。

"与一个农民谈话之后，他常常说，他不想要集体农庄，他宁愿不用拖拉机耕地。"

"这些人就是你所说的富农吗？"

"是的。"他说道，但却未重复这个词。停了一会儿，他接着说，"当时实施这一政策的条件非常艰难——可是，这十分必要。"

"后来呢？"我问道。

"后来，许多人愿意加入我们。一些人也分配到属于自己的土地，得以在托木斯克省、伊尔库茨克省，抑或更偏远的北部耕种，但是大部分富农不受欢迎，被他们雇佣的农民消灭了。"

停顿许久之后，他继续说道："我们不但极大地增加了粮食供应，而且最重要的是，提高了谷物的生产质量。我们曾种植各个种类的谷物，但是，现在在全国上下除了种植标准的苏维埃谷物以外，不准许种植任何其他谷物。如果他们胆敢这样做，将遭受严厉的处罚。这意味着，粮食供应又将大大增加。"

未来的一代对他们曾遭受的苦难肯定一无所知，但可以确定的是，到时会有更多的粮食，他们也定会感谢斯大林。我并未重述伯克的格言，"如果我不能公平地进行改革，那么我就不进行改革"。当前，世界大战硝烟四起，高声谈论道德问题似乎也徒劳无益。

凌晨一时，卡多根带着草拟好的公报来到这里，随后我们便着手修改，争取将其修成定稿。一只庞大的乳猪端上桌来。斯大林之前只是品尝各种菜肴的滋味，可现在已是凌晨一点三十分，正是他惯常的晚餐时间。他邀请卡多根与他一起享用，但我的朋友婉拒了，于是他

一个人独自享用了晚餐。吃完之后，斯大林突然进入另外一个房间接收从前线各方发来的报告，而这些电报也都是从凌晨二时开始陆续发来的。二十分钟过后他才回来，那时我们已为公报定了稿。最后，在凌晨两点三十分，我说我必须得走了。开车到别墅需要半个小时的时间，开回机场也需要同样多的时间。我感到头痛欲裂，这也真是非常少见。可是，我还要与安德斯会面。我请求莫洛托夫不必在凌晨前来送行，因为他看起来已经十分疲惫了。他用责备的眼神盯着我，似乎在说，"您真的以为我不会去吗？"

以下是我们公开发表的公报原文。

> 大不列颠首相温斯顿·丘吉尔先生同
> 苏联人民委员会主席约·维·斯大林
> 苏联人民委员会主席约·维·斯大林同英国首相温斯顿·丘吉尔先生在莫斯科举行会谈，美国总统代表哈里曼先生也一同参加。苏联方面参与会谈的人员包括外交人民委员莫洛托夫、伏罗希洛夫元帅；英国方面参与会谈的人员包括：英驻苏大使克拉克·克尔爵士、帝国总参谋长布鲁克爵士、英国武装部队的其他负责代表以及外交部常务次官卡多根爵士。
>
> 会谈就反抗希特勒德国以及其他欧洲同伙达成若干协定。两国政府决心全力以赴，坚定地打好这场解放战争，直至完全消灭希特勒主义和其他任何类似的暴政为止。这一系列会谈在一种十分热切和真诚的气氛当中进行，也再次重申了苏、英、美三国之间仍然存在的亲密友情和达成的相互谅解，而这与他们之间本已存在的同盟关系完全吻合。

* * *

我们于凌晨五点三十分起飞。能在飞机上睡一觉我感到十分欣慰，而我对于在到达里海最南端并开始飞越厄尔布鲁士山脉之前的风景和旅程却毫无印象。抵达德黑兰之后，我并未前往公使馆，而是前往夏季别墅凉爽安静的林间空地，这块空地的整个地势高于市区。这里有许多电报等着我看。我本打算次日在巴格达同波斯和伊拉克的大部分高级官员召开一次会议，但我觉得我无法忍受巴格达8月正午的酷热天气，于是将开会地点改至开罗，这一改变轻而易举。当晚，我与公使馆人员一起在舒适宜人的树林里进餐，忘却一切纷扰，饭后一直睡到天明。

首相致斯大林元帅：

我们已经顺利抵达德黑兰，我也趁此机会感谢您的诚挚情谊和热情款待。莫斯科之行十分愉快：第一，因为我有职责讲述事情原委；第二，因为我确信，我们之间的这种联系将有助于未来事业的进一步发展。请代我向莫洛托夫问好。

1942年8月16日

如往常一样，我向战时内阁和罗斯福总统进行汇报：

昨天晚上七时，我向斯大林先生告辞，我们非常愉快地进行了交谈，其中他还详述苏联当前的战况，似乎令人倍受鼓舞。当然，他还十分自信地说，他们能够坚守到冬季来临。晚上八点三十分，在我准备起身离开时，他问道，下次我们何时才能再次会面。我回答说，天一亮我就得动身启程。然后他说，"为何不来我在克里姆林宫的住所喝上几杯呢？"于是，我便前去，还在那里享用了晚餐，莫洛托夫也应召而来。斯大林先生向我介绍他的女儿，一个非常漂亮的女孩，羞怯地与父亲礼貌性地亲吻了一下，但是却没同我们一起享用晚餐。我们一边享用晚餐一边讨论公报事宜，一直持续到凌晨三时。我有一个出色的翻译，所以能够更加顺畅地交谈。我

们都心怀最诚挚的祝愿，初次见面却详谈甚欢，气氛相当融
洽。我认为，我们已经建立了良好的私人关系，这对未来的
发展大有裨益。我们还讨论了许多与"朱庇特"相关的内
容，他也认为，这一计划在 11 月或是 12 月将十分必要。没
有"朱庇特"这一行动计划，我还真不知道我们将如何满足
这一巨大的作战部队对军事物资的需求。横贯波斯的铁路现
在只有一半可以通行。斯大林最需要的是卡车。他宁愿要卡
车也不要坦克，因为他现在每月可制造两千辆坦克。除此以
外，他还需要铝。

1942 年 8 月 16 日、17 日

最后，我说道："总体来说，这次出访莫斯科令我倍受鼓舞。我相
信，对于我带去的令人失望的消息，只有我亲自前往解释才不至于令
双方产生真正的分歧。这也是我的职责所在。现在，尽管他们已经了
解到最糟糕的情况，而且目前也是他们最焦虑、最烦闷的时期，但他
们的态度仍然十分友好。此外，斯大林完全相信'火炬'计划具有极
大的优越性，我也相信，大西洋两岸正以超人的力量推进这一计划。"

第七章

SEVEN

返回开罗

救援马耳他的"基石"作战计划——代价高昂的决定性胜利——马耳他重新控制地中海——攻打迪耶普——实力侦察——有价值的教训——派驻空军支援苏联南翼——将波斯铁路移交美国管理——给澳大利亚的赠礼以补偿其损失的"堪培拉"号——8 月 19 日我再次访问沙漠前线——隆美尔即将发动进攻——让第八集团军保持机动自由的重要性——在开罗的最后几日

回到开罗时，我接到了国王的贺电。

国王陛下致首相：

　　你与斯大林的会谈友好结束，我颇感欣慰。你此行肩负着信使的任务，因传达的消息不受欢迎，这项任务并不讨喜。但你巧妙地完成了任务，对此我表示衷心祝贺。你与斯大林建立的联系在未来必定会派上用场；我深信，你的长途旅行十分值得。

　　希望你没有劳累过度，也希望你现在处理事务会更加得心应手。

　　衷心祝愿你在事毕之后平安回国，旅途愉快。

1942 年 8 月 17 日

次日，我发出如下复电：

首相致国王：

1. 丘吉尔先生肩负着对陛下的责任，收到陛下的亲切来信，他受到了极大鼓励。

2. 丘吉尔先生希望，能在本周内解决该地一些重要而又紧急的问题。他身体健康，丝毫没有感到疲惫。陛下一向仁慈，您出于信任而做出的这番褒奖，令他十分欣喜。

1942 年 8 月 18 日

* * *

我也收到了史末资元帅的电报。

史末资元帅致首相：

我兴致勃勃地阅读了您从莫斯科发来的电报，此次您取得的成就确实了不起，我向您道贺。在这场具有关键意义的心理战中，您采取的应对手法十分高明。留给我的最后印象是，您所取得的成就远远超过了您的想象。而且至少，您让苏联在此次战争中最终与我们牢牢地绑在了一起。斯大林内心也认为"火炬"计划要比"痛击"计划好，中间争辩的插曲明显是他为自己挽回面子的笨拙举动。您提出向高加索方面提供空军援助，这招相当精明，很值得与罗斯福共同推进。读完您的会谈情况报告后，必须说，我现在对苏联的好感可比以前多得多。因为现在看来，就在我们肃清整个地中海，为明年开辟第二战场建立坚实基础的时候，希特勒极有可能得在苏联这个泥潭中再待一个冬天。目前一切都取决于亚历山大的胜利，也取决于"火炬"作战计划的尽快执行，我们自始至终都坚定地相信这个计划会成功。我们能否胜利在很大程度上取决于"火炬"计划，它只能成功不能失败。

您最近十分辛苦，希望您劳顿后能好好休息一下。千万不要按现下这么快的节奏继续工作。既然您希望全国都听从您的劝告，那么请您听从查尔斯·威尔逊①的劝告吧。

1942 年 8 月 19 日

*　　*　　*

在访问莫斯科期间，几件我十分关心的要事已经发展到了高潮阶段。6 月，开往马耳他岛的运输船队遭受挫折，从这件事可以看出，只有规模庞大、行动迅速的救援才能保住马耳他这个要塞。7 月间，前往苏联北部的护航船队遭遇灾难，之后就停驶了，因而海军部不得不抽调大批本土舰只。8 月 9 日，海军上将西弗莱特乘坐"纳尔逊"号，率领"罗德尼"号、三艘巨型航空母舰、七艘巡洋舰和三十二艘驱逐舰驶入地中海，参与"基石"作战计划。"狂暴"号航空母舰也加入其中，以便飞机飞往马耳他岛。同一时间，敌军也加强了在撒丁岛和西西里岛的空军力量。

8 月 11 日，海军上将西弗莱特的舰队离开阿尔及尔，为十四艘满载军需品的快速商船护航。一艘德国潜艇击沉了航空母舰"鹰"号，但"狂暴"号成功让舰上的"喷火"式飞机飞到了马耳他岛。第二天，意料之中的空袭开始了。敌军击沉了一艘商船和一艘驱逐舰，击伤了航空母舰"无畏"号。我方击毁了敌方三十九架飞机和一艘意大利潜艇。当晚，在舰队驶近海峡的时候，海军上将西弗莱特按照计划率战列舰撤退，海军少将巴勒留下，率运输船队继续前进。第二天晚上，敌潜艇和快速鱼雷艇攻势逐渐加强。到第二天清晨时，敌军已击沉七艘商船、巡洋舰"曼彻斯特"号和"开罗"号，击伤另外两艘巡洋舰，以及包括装载着重要物资的美国油船"俄亥俄"号在内的三艘商船。

幸存舰只英勇无畏，继续向马耳他前进。13 日白天，敌军再度发

---

① 查尔斯·威尔逊，皇家医学院院长，是专门照料丘吉尔的医生。——译者注

动空袭。"俄亥俄"号及一艘商船因再次被击中，无法继续行驶。这时，运输船队中的剩余船只已经驶入马耳他防御设施能够给予支持的范围内了。因此，当天晚上，三艘商船"查尔默斯港"号、"墨尔本之星"号和"罗彻斯特堡"号终于驶入大港。虽然这三艘船受损严重，但并没有沉没。众人十分英勇地将它们拖到了港内。次日，"布里斯班之星"号成功驶进了港口。被拖带前进的"俄亥俄"号在遭遇连续空袭后越发难以控制，但终于在 15 日被顺利地拖入港内。所以到最后，十四艘商船中，只有五艘英勇的商船满载着珍贵物资抵达了马耳他。本次行动损失了三百五十名官兵及多艘顶尖商船和英国皇家海军的护航舰只，令人悲痛。但我们的收获也抵得上所付出的代价了。马耳他在得到粮食、弹药以及其他重要物资后，恢复了元气。英国潜艇返回马耳他岛，并在皇家空军突击力量的帮助下，夺回了地中海的控制权。

敌军原本是完全有能力彻底摧毁这支运输船队的，这显然事关他们的利益。13 日清晨，当时这支运输船队已损失惨重、分散开来，两个意大利巡洋舰中队驶到了班泰雷利亚岛以南对其进行拦截。如果这两个意大利巡洋舰中队想在接近马耳他的海面作战，那么他们就需要空军的大力支援，而 3 月的时候，海军上将维安对战意大利舰队产生的影响就在这里起到了作用。德国空军不愿再同意大利海军合作，坚持独自发起攻击，于是指挥部人员间产生了激烈的争执。根据一位德国海军上将的记录，他们曾向墨索里尼申诉，经他调停，意大利巡洋舰还未驶进西西里海峡便撤退了。返回海港时，其中两艘军舰被英国潜艇的鱼雷击中。该德国海军上将接着写道："难以想象我们竟然浪费了大量战斗力。虽然英国海军在此次作战行动中损失惨重，但并没有失败。而这是轴心国的战略失误，这一失误的反响终有一日会被世人察觉的。"

8 月 17 日，我发出以下电报：

首相致海军大臣和第一海务大臣：

1. 请将我的敬意转达给海军将官西弗莱特、巴勒、利斯

特及所有参与给马耳他运送物资这一光荣行动的官兵。本次
行动定会对地中海地区近期的战局产生重大影响。

2. 此地有报纸称，我军击落了十三架敌机，但这仅是马
耳他部队击落的飞机数量；我并没有看到这份报纸提到航空
母舰击落了另外三十九架飞机的事情，是航空母舰改变了空
战的局势。

1942 年 8 月 17 日

运输船队已经安全抵达，我就可以邀请戈特勋爵前来开罗了。我
特别希望能从他那里听到有关马耳他岛的所有情况。戈特和他的副官
芒斯特勋爵（他在大战开始时是一位大臣，但是他坚持要到前线去）
平安抵达开罗。他们二人十分瘦弱，看上去颇为憔悴。这位将军和他
的幕僚严格遵守着食物配给制度，吃的食物仅够一般军民糊口。大使
馆细心地为他们准备了营养丰富的食物。我们谈了许久；分别时，我
对马耳他的情况已了如指掌。

* * *

在我暂离伦敦期间，印度爆发了一场危机。印度国大党采取激进
政策，蓄意毁坏铁路，煽动群众暴乱，破坏社会秩序。暴民们的叛乱
之势在广大农村地区蔓延开来。此时印度正处于日军的入侵威胁中，
而这一暴动直接危及印度为抗击日军所做的努力。总督行政会议一致
提议对甘地、尼赫鲁以及国大党的主要成员实施逮捕和拘禁。该会议
仅有一名英国成员参加。在听取了印度事务部的意见后，战时内阁立
即同意了此项激烈措施。我在给总统的信中说道："无论国大党如何挑
衅，只要印度政府自身的权力尚存，它就完全有能力维持秩序，有效
地进行统治和管理，并保证印度对战争做出最大的贡献，这一点毋庸
置疑。"总统做出了以下回复，让我受益匪浅：

罗斯福总统致前海军人员（开罗）：

　　看过您的来信，我已回复蒋介石，他在信中所提议的任何措施，目前我不打算采纳，因为于我而言，这并不明智，也不可取。我强调，在这个关键时刻，我们当然不希望采取任何有损印度政府权威的做法。另一方面，我也对他说，类似这种问题，或者任何影响到联合国家根本利益的问题，我都欢迎他同我保持紧密联系。我认为，让他得知自己的提议得到了友善的考虑，这是更明智的做法。因为我担心如果不这样做，他将会擅自行动，这对目前形势来说是非常危险的，我想您也会赞同这一点。因此，我给了他机会，以后无论是他想到的，还是他认为有必要提出来的建议，他都能畅所欲言。

1942 年 8 月 9 日

我向印度总督保证，我们一定会支持他，对此他回复如下：

印度总督致首相：

　　接到您的善意来信，我备受鼓舞。我们处境尴尬，但我认为这并不是最糟糕的情况，我抱有很大希望，在日本人或德国人直接施压前，我们还能扭转局势。

1942 年 8 月 20 日

　　一连串危机的同时爆发，未必就会增加处理危机的难度。或许一种不利局势可以抵消甚至完全消除另一种不利局势。对日作战的缘故，在印度问题上，美方选择保持沉默。总督提出的措施已获战时内阁批准，不久后便生效了。这些措施证明国大党对大多数印度人的影响仅停留在表面，许多印度人担忧日本入侵，希望英王兼印度皇帝能够庇护他们。在与国大党领袖直接对抗的整个过程中，数千名新志愿兵加入了印度陆军。我们曾经担心这会造成自 1857 年印度兵叛变以来最严重的叛乱，但其几个月内就以失败告终，并且几乎没有人因此丧命。

*　　*　　*

17 日，我收到了进攻迪耶普的消息。4 月，圣纳泽尔一役打得英勇且漂亮，接着就开始拟定迪耶普作战计划了。5 月 13 日，参谋长委员会通过了这项计划（"开辙犁"作战计划）的行动纲领，武装部队司令官以此为基础作了详细规划。三军用兵超过一万人，自然是在试图夺回被占领的法国海岸的这一类行动中规模最大的一次。根据现有情报，迪耶普仅由一支战斗力极差的德军防守，加上支援部队，总数还不到一千四百人。攻击最初定于 7 月 4 日开始，部队会在怀特岛的港口登船。由于天气恶劣，攻击日期推迟到了 7 月 8 日。但德军飞机袭击了已经集结的船只，再加上天气一直没有好转，因此军队返回岸上。这时我们决定全盘取消本次军事行动。东南战区总司令蒙哥马利将军一直监督着这一计划的执行。他这时极力主张，不应再进行本次军事行动，因为相关部队已接到分头上岸的命令。

然而，在我看来，在今年夏天进行一次大规模的军事行动是非常重要的。军方似乎也一致同意，在进行这样一次大规模的军事行动前，相关将领不再负责筹划主要进攻计划。

在与蒙巴顿海军上将讨论时，我才明白，由于准备时间不够，我们是无法在夏季发动一次全新的、大规模的军事行动的，但如果采取非常手段保守机密，那么便可以在一个月内重新发动迪耶普军事行动（新代号是"庆典"计划）。

就是出于这个原因，现已无记录可查；但是，在加拿大政府和三军参谋长批准后，我亲自与帝国总参谋长、海军上将蒙巴顿以及海军部队的司令官休斯－哈利特上校共同审查过该计划。我们都很清楚，在"庆典"计划中，除了是用突击队而不是空降部队炸毁侧翼的海岸炮台外，其他方面与"开辙犁"计划相比，并没有什么实质性的改变。现在可以实施"庆典"计划，是因为又有两艘步兵登陆艇可以用来运送突击队，而且由于不再采用空降的方法，因为天气情况再度放弃"庆典"计划的可能性已大幅降低。尽管载着突击队的登陆艇与德国海岸护航队打了一场遭遇战，我们还是彻底摧毁了一座炮台，而另一座炮台也已无法阻碍我们的军事行动了，因此作战结果并没有因为计划的变更而受到丝毫影响。

依据我们战后查阅过的德方档案，他们并没有因我们意图进攻迪耶普的情报泄露而收到特别警告。不过，他们根据对迪耶普地区遭受威胁的一般估计，加强了整条战线的防御。他们曾下令，在月光和潮汐都有利于登陆的日子，例如 8 月 10 日到 8 月 19 日这几天，需要特别警惕。在 7 至 8 月的时候，负责防守迪耶普地区的一个师得到了增援，而且在我军突袭时，该师确实是倾巢出动，处于日常戒备状态的。担当登陆部队主力的是驻不列颠的加拿大陆军，这支军队许久以来已跃跃欲试，急于一战。关于这段史实，加拿大陆军官方历史学家作了生动描述，其他官方刊物也有记载，无须在此赘述。虽然所有武装部队、英国突击队、登陆艇队及其护航队都表现得极其英勇、勇于献身，也有许多辉煌的战绩，但战果却让人大失所望，我方伤亡惨重。本次渡海作战的第二加拿大师原本有五千名士兵，其中百分之十八的人阵亡，近两千人被俘。

回顾这次令人难忘的战事，人员伤亡惨重，战果却与之不相称。但仅用这一项标准来评判这次行动，并不妥当。迪耶普登陆在战争史上自有一席之地，我们千万不能只因可怕的伤亡数字就将它划归失败的范畴。本次战事是一场代价巨大的武力侦察，不是没有任何收获的。它在战术上给我们提供了丰富的经验，清楚地说明我们在判断方面存在诸多缺点，还告诉我们，要及时建造各类新式舰艇和设备，以便日后使用。我们还体会到，在登陆战中，海军重炮强力支援登陆部队是非常重要的，之后便改进了海军和空军轰炸技术。最重要的是，本次行动显示出，如果没有周密组织和联合训练，个人技能和英勇精神是发挥不了作用的。协作才是成功的秘诀。这点也只有陆海两栖部队训练有素、组织周密才能做得到。我牢牢记住了这些教训。

从战略方面来说，本次袭击让德军更为清醒地意识到，他们已占领的法国海岸存在危险。因而德军继续把军队和物资留在西欧，从而减轻了苏联的压力。光荣属于牺牲的勇士们，他们的牺牲并不是毫无价值的。

*　　*　　*

我在开罗坚持提出要用空军大力支援苏联南翼。

首相（开罗）致副首相、外交大臣、伊斯梅将军和空军参谋长：

1. 我同意，在今后的六十天里，局势不可能会受到任何影响。这项决定一定会在四十天内达成，也许还会提早一些，我也同意，在这之前，不能有任何行动。

2. 必须把这件事看作一项长期政策：即在苏军南翼部署一支强大的英国空军，之后追加美国空军。原因是：

（1）为了全面加强苏联空军的力量。

（2）为设置前沿保护地带，保护我方在波斯和阿巴丹的利益。

（3）为了给我们与苏联人之间的友谊增加道德上的影响——这种影响远比武力重要。考虑到 9 月后我们难以向苏联派遣运输船队，现在一定要设法向苏联示好。

（4）这并不是分散兵力，而是集中较多兵力对付主要的空军目标，即每天都同德国空军作战，消耗其实力。跟在英吉利海峡找麻烦相比，我们在前线条件正常的情况下攻击他们会更占优势，我方牺牲一架飞机就意味着击落敌军一架飞机。

3. 在同斯大林会谈时，我就已经答应由英王陛下政府负责这项政策，因此必须获得内阁的支持。莫斯科军事会谈的记录送到后，也请你们一阅，同时，还包括我和罗斯福总统关于此事的往来信件。总统十分重视这件事。

4. 空军参谋长应按照空军中将特德拟订的大纲草拟一份行动计划，由我先发送给总统，并且附上说明。如果他的回信令人满意，我就坚决向斯大林提议。虽然这项计划要等到11月才能实施，但这至少能让我们立即进行勘察工作，筹备飞机场，也能让我们从波斯和高加索接近苏联领土。如果一切顺利，我们就会与苏军南翼一起向前推进；如果不顺利，无论如何也得将该战斗序列的力量部署在波斯北部。在离开这里之前，我希望能给罗斯福总统发一封电报。知道他的意见以后，我们就可以在国内做出最终决定。

5. 人人都认为，通过牺牲苏联来减轻自己的压力是十分方便的一件事情，但是现在苏联大军正在跟德军艰苦作战，怎样跟它维持良好关系才是关键问题。我很难相信，特德所提及的战斗行动会妨碍"火炬"计划的实施。

1942 年 8 月 19 日

＊　　　＊　　　＊

我们曾在德黑兰讨论过将波斯铁路移交给美国管理的事情，现在这件事能圆满结束了。

首相致副首相、伊斯梅将军及其他有关人员：
　　与哈里曼和美国铁路专家在德黑兰和开罗会谈后，我们一致同意总统的提议，即让美国接管横贯波斯的铁路以及霍拉姆沙赫尔港口。除非美方提供百分之六十的全部所需人员，否则我们根本无法运营这条铁路。美方建议将接管工作当作任务来执行，为我们担负整个运输工作，但是管理方面要任用美国的军事和文职人员，遵循美国的方针，移交工作会逐

步进行，在几个月之内完成。结束后，大约可以调出两千名英国铁路工作人员，这些人员是我们军事铁路系统的其他部门急需的。我发给总统的电报，你们会在传阅时看到。

1942 年 8 月 21 日

前海军人员致罗斯福总统：

1. 我想在实地调查过横贯波斯铁路的状况后再回信，所以迟了一些。我已在德黑兰和开罗完成了这项工作，也与艾夫里尔、马克斯韦尔将军、斯波尔丁将军和他们的铁路专家们交换过了意见。今年年底，这条铁路的各项货运量预计会达到每天三千吨。我们认为，每天的货运量应该要提升到六千吨。因为只有这样，才能在确保运往苏联的物资数量不断增加的同时，建立起一支军队，运送到波斯北部，以应付可能前来袭击的德军。

2. 为了提高运量，必须大量增加铁路工作人员，并追加车皮和技术设备。此外，只有铁路人员热情地投入这项工作，优先满足它的需求，这一目标才有可能在适当的时间实现。

3. 您在电报中提议，应该让美国陆军接管、发展、经营这条铁路，这对我们很有帮助，我当然欢迎并接受。霍拉姆沙赫尔和沙赫普尔港这两个港口也应该跟铁路一起转交。因此，你们的人员肩负着打开波斯走廊的重大任务，这条走廊主要是用来把你们的物资运到苏联的。我们全体人员都赞同，您批准这一建议，对我们很有好处。因为你们的帮忙，我们才能找到资源；把目前在这条铁路上工作的英国部队人员调到其他岗位工作，可以减轻我们在中东的沉重负担。对于英军当局来说，这条铁路是作战的交通要道，因此英方必须继续负责运输分配，但铁路和港口将完全由美方人员管理。在我看来，双方在这方面的通力合作不会有任何问题……

1942 年 8 月 22 日

＊　　　＊　　　＊

8月9日夜间，日军在所罗门群岛的瓜达尔卡纳尔附近击沉了澳大利亚巡洋舰"堪培拉"号。

首相致海军大臣和第一海务大臣：

　　澳大利亚损失了配有八英寸大炮的巡洋舰"堪培拉"号。如果我们立刻无偿送给澳大利亚皇家海军一艘类似的军舰，可能会在感情方面对澳大利亚人产生持久影响。请带着同情澳大利亚的心情考虑这项计划，并做好准备，等我回国后告诉我意见。在这期间，我不会向任何人提起这件事。

1942 年 8 月 23 日

这一建议后来得到了采纳，将"什罗普郡"号巡洋舰赠给了澳大利亚政府。

＊　　　＊　　　＊

8月19日，我再次前往沙漠前线，跟亚历山大一同乘车，从开罗出发，经过金字塔，穿越约一百五十英里的沙漠，来到了海边的阿布西尔。他告诉我的所有事情都让我十分振奋。傍晚，我们终于到达了位于布尔杰阿拉伯的蒙哥马利的总部。我们这支后来闻名于世的沙漠旅行队在沙丘间停了下来，离这个地方不远的海边，白浪翻涌，在阳光下熠熠生辉。蒙哥马利将军把他的铁路专车借给了我，车里划分了办公室和卧室两个区域。经历了一整天的长途行车，我们畅快地泡了澡。刚洗完澡还围着浴巾的时候，蒙哥马利说："这个时候士兵都在海边洗澡呢。"他向西边挥挥手。三百码外，约有一千名士兵在海滩上嬉闹。虽然知道答案，但我还是问了句："陆军部为什么要花钱给士兵派

发白色泳裤呢？这笔钱是完全可以省下来的啊。”实际上，除了穿短裤的地方，他们整个身子都晒成了深褐色。

流行风尚变了！四十四年前，我行军到恩图曼，那时的观点是无论如何都不能让非洲的太阳晒到皮肤。当时的规定十分严格。所有卡其布外套的背部，都用纽扣固定着特制的背垫，外出不戴拿破仑帽是违反军规的。有人劝告我们，得穿厚厚的衬衣衬裤，阿拉伯人已经这样穿了一千年了，我们得入乡随俗。但是现在，20世纪才刚过半，许多白人士兵就不戴帽子、不穿衣服，只在腰间围一块布就去工作了。显然，这对他们来说一点儿坏处都没有。虽然需要好几个星期的时间，他们的肤色才会逐渐加深，从白色变为古铜色，但很少有人中暑。我倒是想知道医生会怎么解释这种情况。

我们穿好了衣服去吃晚餐——不到一分钟我就拉好了拉链——晚餐后在蒙哥马利的地图车厢汇合，他熟练地给我们讲解了整体形势，这说明他在几天内就已经弄清了所有问题。蒙哥马利精确地推测出隆美尔的下一次攻击，并阐明了自己的应战计划。他的预测后来得到了印证，应战计划也十分妥当。之后还描述了他自己的进攻计划。不过，他需要六个星期的时间才能让第八集团军做好准备，因为在这六周中他要把师改编成完整的战术单位。在新的师到达前线并熟练掌握“谢尔曼”式坦克的技术以前，我们必须等待。那时会有三个军，全部都由经验丰富的军官指挥，蒙哥马利和亚历山大对他们都非常了解。最重要的是，大炮过去从来没有在沙漠中使用过。蒙哥马利说，要在9月底才能执行这项计划，这让我很失望。但这项计划最终在什么时间进行，还得看隆美尔方面的行动情况才能决定。我们的情报显示，隆美尔马上就要进攻。根据我自己获得的大量情报，隆美尔会在我方沙漠侧翼进行一次规模宏大的迂回行动，以便抵达开罗，而且这次战役会在隆美尔的交通线上进行，这正合我意。

这段时间，我时常想起拿破仑1814年惨败的事情。当时拿破仑也准备在交通线上作战，但反法联盟军队冲进了几乎没有任何守卫的巴黎。因此，在我看来，重要的是将第八集团军中所有不需要调用的强

壮士兵用来防守开罗。仅这项部署，就会让野战军拥有充分的行动自由，而且能在发动进攻前冒险撤回一个侧翼。我十分高兴大家全都同意这样安排。尽管我总是心急，想尽早发动进攻，但我最欢迎的是，在我们发动主攻之前，隆美尔向我们穷凶极恶地猛攻。但现在我们是否有时间组织开罗的防务？有很多迹象显示，就在我们对面十几英里的地方，胆大冒进的司令官隆美尔会在8月底前大举进攻我们。我的朋友们说，实际上他有可能会为了继续保持优势，在这段日子里的任何一天发动进攻。如果我方进攻日期推迟两三个星期，则会对我们十分有利。

＊　　＊　　＊

8月20日，我们一大早就出发了，前去察看预计开战的战场和防守在这个地方的英勇部队。我被带到了位于鲁威塞特山脊东南的主阵地。这里，我们的大批装甲部队分散隐蔽在有坚硬的沙子、高低起伏、拥有弯弯曲曲线条的沙漠中，但从战术上看，他们又是结成一体的。我在这里遇到了年轻的罗伯茨准将，他负责指挥这个主要阵地的所有装甲部队，我们最精良的坦克都要听他指挥。蒙哥马利向我说明了各类大炮的部署情况。隐蔽起来的炮队遍布在沙漠的每一个空隙。在我军出击之前，三四百门大炮会先向德军装甲部队开火。

当然，由于敌方一直在进行空中侦察，我军不能集中，但那天我还是见到了许多士兵，他们笑容满面地向我欢呼致意。我检阅的是我自己曾经待过的第四轻骑兵团，或者说，我检阅的是五六十个敢于集结在新近埋葬了队友的墓地旁，决心继续前仆后继作战的士兵。这一切都令人动容，但第八集团军将悲痛化作力量，因而士气大振。人人都说，自蒙哥马利出任司令官以来，第八集团军发生了翻天覆地的变化。我既高兴又欣慰，我能感受到这是真的。

*　　*　　*

　　我们约定同伯纳德·弗赖伯格共进午餐。我想起了二十五年前，在斯卡普河流域的佛兰德营地也曾拜访过他。当时，他是一个旅的指挥官，高兴地提出要带我去他的前哨阵地走走，但是因为我了解他和防线的情况，就没有去。但现在情况不同了，我的确想要去看看，至少看看这个新西兰师一流的观测所也好，但此时这个新西兰师正在约五英里外与敌军对峙。从亚历山大的态度来看，他愿意陪我去。但是，伯纳德·弗赖伯格斩钉截铁地拒绝承担带我前去的责任，因为关系到我的安全，这不是靠下命令能解决的问题，即便是来自最高当局的命令也不行。

　　因此，我只好去他闷热的餐帐里吃午餐，这顿午餐比我在斯卡普河时吃的更丰盛一些。这是沙漠里8月的一个中午。午餐有一道精心安排好的菜，名叫新西兰罐头蚝肉汤，我只是出于礼貌吃了一点儿。很快，之前走开的蒙哥马利又回来了。弗赖伯格出去向他敬礼，告诉他已经留了位置，希望他前来就餐。但是人们口中的"蒙蒂"一贯不接受任何下属的款待，这似乎已是惯例了。他就坐在门外的汽车里，跟往常一样，随随便便吃着简单的三明治，喝着柠檬水。为了严肃纪律，拿破仑看起来有些不近人情。他有一条格言就是"寓尊贵于严峻（Dur aux grands）"。但他确实也会吃自己的带篷马车准备的美味烤鸡。马尔巴罗则会常常和下属一起痛饮美酒——我想克伦威尔也会如此。他们各有各的技巧，看上去效果都不错。

　　我们一整个下午都在第八集团军中。回到停车的地方时已经是晚上七点多了，又看到了海上欢乐的浪花。我所看到的一切都让我十分兴奋，因而没有丝毫困意，跟他们聊到了深夜。蒙哥马利按照自己的习惯十点钟就要去睡觉了，去睡觉前他请求我在他的私人日记中写几句话，我当时便写了；在后来漫长的战争期间，我也遇到过几次这样的情况。当时我写的是这样一句话：

"愿标志着新战区开辟的布伦海姆纪念日为第八集团军总司令和部队带来应得的荣誉和幸运。"

* * *

我向国内发去如下报告：

首相致副首相，并转战时内阁、伊斯梅将军和其他有关人员：

1. 我在西部沙漠待了两天，访问了第八集团军总部，和布鲁克、亚历山大、蒙哥马利一同检阅了第四十四师、第七装甲师、第二十二装甲旅以及新西兰师的部分部队，见到了许多士兵以及第十三军战地的全体主要司令官，也再次见到了和蒙哥马利将军在一个总部办公的空军中将科宁厄姆。

2. 我十分确定，如果沿用以前的制度，等待着我们的是灾祸。第八集团军当时不够团结，军中情绪压抑，充满了挫败感和不确定感。面对敌军的猛烈攻击，这支军队显然想向东撤退到尼罗河三角洲。许多人焦虑地伸着头看卡车里是否有自己的位置，而且部队不知道明确的作战计划，上级强大的意志力也没有传给士兵。

3. 鉴于情况严重，蒙哥马利一视察完前线就坚持要立刻接任第八集团军总司令。经亚历山大决定，中东全部的指挥权已于 13 日移交给蒙哥马利。

4. 自那时起，从我能看到的以及从指挥官那里听到的情况看，军中气氛已经发生了彻底改变。亚历山大命令蒙哥马利准备进攻，同时守住所有阵地；蒙哥马利向指挥官下达了一份振奋士气的指示（回国后将这份指示的全文交给你们传阅），因而军中呈现出一派朝气蓬勃的景象。所有据点得到了加强；挑选出超期服役的人员，重新组建了一支坚实的队伍。第四十四师和第十装甲师已经到达了前沿地区。公路上到处

是去往前线的运输部队、坦克和大炮。霍罗克斯将军指挥第十三军，拉姆斯登仍担任第三十军军长。赫伯特·拉姆斯登将军正在组建第十军，以提供大量的机动力量，配合9月底的进攻，并为此制订了一个颇具胆识的整体计划。

5. 然而，隆美尔有可能会在8月底之前趁着月光发动袭击。他已失去了那批极有价值的物资，同时也低估了我们的实力，但我们绝对不能低估他的实力。我们必须想到，敌方会进行一次广泛的迂回行动，可能会有两万名德军、一万五千名意军参与，其中包括两个装甲师和四五个轴心国摩托化师。即将到来的将会是一场艰苦卓绝、生死攸关的战斗，但我对亚历山大和蒙哥马利信心十足，坚信第八集团军定会全力以赴。如果隆美尔不在8月攻击我们，自己便会在9月受到攻击，那时局势将对他更为不利。这正好能与"火炬"计划形成良好配合。

6. 为了应对8月的战役，我们应在前线部署约七百辆坦克，并配备一百辆备用坦克，约七百架飞机，五百门野战炮，约四百门能发射六磅炮弹的反坦克炮，四百四十门能发射两磅炮弹的反坦克炮。但因我方仅有二十四门中型炮，所以这方面的确相对薄弱。因预计敌方会大规模空降伞兵，而且隆美尔肯定想赢得胜利，因而第八集团军应尽可能地分散开。

7. 为给第八集团军充分的机动力量，以应对可能在下周遇到的攻击，士兵正沿着从亚历山大港到开罗的尼罗河三角洲区域，增设一条坚固的防线。第五十一（高地）师正在这个区域驻防。我明天会前去访问。之前曾提醒亚历山大将军执行我们两年前就已经拟定好的水淹计划，现在各个据点已展开行动。

8. 总之，我们的实力正在不断增强，所以我与其他人更倾向于在9月而不是在8月作战。令我满意的是，我们指挥着一支士气高涨、充满自信、不屈不挠的部队。他们是一支

极好的团队，在具有极高军事素质的人员的指挥下，配合默契。所有能办到的事情不是已经办妥，就是在办理过程中。现在我该回国了，因为我并不参与这次战斗，战事必须留给我们信任的人负责。我还有许多事情需要处理。你们会从其他电报中了解到，戈特已经在这里了，普拉特明日就到。帝国总参谋长和我打算在周日夜间出发，我们会另发一份电报，告诉你们我们的飞行路线。如果国王陛下愿意，我希望能在周二与陛下举行每周一次的午餐会。

9. 我对于"庆典"计划的整体印象是，我们的所得足以抵消惨重的损失。仅是这次大规模的空战就足以证明这次袭击是值得的。

10. 在我忙于这些让人焦虑、很不愉快的任务时，你们给予了我大力支持，我对此表示衷心感谢。

1942 年 8 月 21 日

*　　　*　　　*

8 月 22 日，我来到了开罗附近的图拉洞，这里正进行着极为重要的维修工作。古埃及人用来建金字塔的石块就是从这些山洞里开采的，现在这些山洞派上用场了。读者之后会看到，我一直在抱怨我们的飞机、坦克修得又慢又差。但从现场看来，好像所有工作都很出色而且很有效率；大批技术人员夜以继日地工作，完成了大量修理任务。但我手中的图表和数据仍让我不满意。维修的规模太小了。归根结底，责任在于埃及法老，他们没有建造更多、更大的金字塔。但其他责任就很难分摊了。这天剩下的时间里，我们从一个机场飞到另一机场，检查机场的设施，并对地勤人员发表讲话。有一处地方集结了两三千名空军人员。我还按旅逐一地视察了刚刚登陆的高地师。回到大使馆的时候已经很晚了。

＊　　＊　　＊

在访问开罗的最后几天里，我想的全都是即将到来的战斗。隆美尔随时会率大批装甲部队浩浩荡荡前来，发动毁灭性进攻。他可能会从金字塔附近攻打过来，在抵达从总督府的草坪下方静静流过的尼罗河前，他们几乎不会遇到任何阻拦，除了一条运河。棕树林里，兰普森夫人的小宝宝还笑眯眯地待在婴儿车里。我望着尼罗河对岸那广阔的平原，虽然一切都是那么安宁平静，但还是暗示这位母亲，开罗的天气很热、很闷，可能对孩子们不好。"为什么不送这孩子到黎巴嫩去呢？吹吹那里凉爽的微风，精神会好一些。"但她并没有听从我的劝告，当然也不能说她对军事局势的推断是错误的。

亚历山大将军和帝国总参谋长跟我的观点完全一致，在这种情况下，我开始着手制定一系列极端措施，以便守卫开罗和向北注入海洋的水道。我们建造了战壕和机枪阵地，在桥下布雷，在桥的两端围上电网，并放水淹没了前线的广大地带。还为所有在开罗的办公室工作的人员，即数千名参谋人员及部队职员，配备了步枪，并命令他们，在必要的时候沿着做好防御措施的水道布防。我们之前认为第五十一高地师还不能"适应沙漠作战"，但现在已下令派这些精锐部队前去驻守尼罗河新战线了。尼罗河三角洲一带运河很多，容易被水淹，横跨这个区域的堤岸道路较少，因而是实力较强的阵地之一。阻止装甲部队沿堤岸道路冲进来，看起来是完全做得到的。开罗的防务通常是由统率埃及军队的英国将军负责，他所有的部队也已经准备就绪了。然而我认为，如果有紧急情况发生，最好让梅特兰·威尔逊将军——"琼博"——担负起防卫重任，虽然他已被委派指挥波斯—伊拉克战区，但在这最关键的几个星期里，他正在开罗组建指挥部。我已下达一则指令给他，让他充分了解整个防卫计划，并在亚历山大将军通知他开罗处于危急状态时，立即负起防卫责任。

现在，我必须在战争前夜回国，处理更多但同样具有决定性的事务。我已得到内阁批准，向亚历山大将军下达指示，命令他为最高负责人，协助我一起负责中东事务，指挥蒙哥马利和第八集团军，在必要时刻，还将负责指挥梅特兰·威尔逊和开罗的防务工作。"亚历克斯"——我这样称呼他已经很久了——已经把司令部迁到了金字塔附近的沙漠地区。亚历克斯冷静、乐观，对战情了如指掌，所到之处时刻激励人们要沉着应战，坚定必胜的信念。

*　　*　　*

　　8月23日晚上七点三十分，我们的飞机在沙漠机场起飞，我睡了个安稳觉，天亮后很久才醒来。我在"突击队员"号飞机里沿着炸弹舱往驾驶舱爬的时候，飞机已经飞到直布罗陀附近了。必须说，这时飞行情况看起来十分凶险。一切都笼罩在晨雾里，能见度不足一百码，而且我们的飞行高度不能高出海面三十英尺。我问范德克鲁特是否一切正常，希望他不要撞上直布罗陀的岩壁。他对飞行路线很有把握，不会飞得太高，也不会飞出海面；就我自己来说，看到他这样飞，本应高兴，但他的答复并没有让我特别安心。我们在浓雾中又飞行了四五分钟，之后突然飞到了晴朗的天空中，笔直地爬升到雄伟的直布罗陀悬崖上方，忽然出现在地峡和连接直布罗陀与西班牙及"西班牙王后宝座"山的狭长中立地带上空。虽然在浓雾中飞行了三四个小时，但范德克鲁特对飞行路线的把控相当精确，不需要改变航线，就飞过了距离我们数百码的可怕岩壁，平安降落了。我仍认为，如果能飞得高一些，迂回飞行一两个小时会更好。因为我们还有汽油，也不赶时间。但这次飞行确实十分出色。

　　那天上午跟总督待在一起，下午乘飞机回国；日落的时候，我们大致欣赏了一下比斯开湾的风光。

第八章

EIGHT

"火炬"作战计划
尘埃落定

同美国将领们相处融洽——需要一个简单的指令——从华盛顿方面传来爆炸性消息——美国方面对进入地中海颇有顾虑——美国相信法军不会攻击美军——我建议艾森豪威尔飞往华盛顿进行解释——我给哈里·霍普金斯写信但没有发出——我们同意：胜利万岁！——隆美尔向开罗发起的最后一次进军——阿拉姆海尔发战役

我离开伦敦前往开罗和莫斯科执行任务时，"火炬"计划的指挥官还没有选出来。7月31日，我提出建议，如果任命马歇尔将军为1943年横渡英吉利海峡军事行动的最高统帅，则应安排艾森豪威尔将军作他的副将，在伦敦率先展开行动并筹划"火炬"作战计划。艾森豪威尔将军将会担任"火炬"作战计划的指挥官，亚历山大将军担任副指挥官。这些建议逐渐得到了美国的认可。我从开罗去莫斯科前，罗斯福总统发给我以下两封电报：

> 罗斯福总统致前海军人员（开罗）：
>   我和美国三军参谋长均赞同英国三军参谋长于8月6日提出的有关任命，即任命艾森豪威尔将军为"火炬"作战计划总司令。我方正在研究英国三军参谋长提交的有关艾森豪威尔行动纲领的正式指示，不久就会做出相关报告。
>   1942年8月6日

8日又发来电报：

我完全同意提前实施"火炬"作战计划，要求比原定时间提前三周。

　　关于宣布任命艾森豪威尔为总司令一事，我已交由英美双方的三军参谋长斟酌。

＊　　＊　　＊

　　8月24日，我从开罗回到了伦敦，这时我们的计划还没有最终成形，还有许多事情等着决策。次日，艾森豪威尔和克拉克两位将军与我共进晚餐，讨论本次作战行动的相关情况。

　　这段时间我同美国军官联系密切，相处愉快。自他们6月到达伦敦以来，我每周二都会安排他们前来唐宁街10号共进午餐。这样的餐会好像都很成功。我通常会单独同他们交谈，翻来覆去地商讨我们所有的事务，就像我们来自同一个国家。我非常重视和他们的私人来往。美国客人们很喜欢爱尔兰炖菜，尤其是艾森豪威尔将军，因而我的妻子几乎每次都会准备炖菜招待他们。不久，我就开始称呼艾森豪威尔为"艾克"了，还给马克·克拉克和比德尔·史密斯（比德尔·史密斯9月初才到伦敦，是艾森豪威尔的参谋长）两人取了绰号，分别叫"美国鹰"和"美国牛头犬"。看看他们的照片你就明白我为什么这么叫了。我们在楼下的餐室也举行过多次非正式会议，大概在晚上十点钟开始，有时要开到深夜。这些美国将军们也来过契克斯几次，有时在这里过夜，有时在这里度周末。在这些场合，我们只谈工作。

　　艾森豪威尔将军有位副官，同时也是他的朋友，非职业军人出身，曾在书里写道：所有餐会对于过度劳累的美国军官来说都是沉重负担。如果真是这样，他们可就表现得太过礼貌，太会隐藏自己的感受了。无论如何，我认为与这些军官的密切交往对战争的指挥十分必要，没有这些关系，我就不可能掌握全局。9月28日的一次会议上，我确实做了一桩对比德尔·史密斯和他的长官艾森豪威尔有益的事情。那天晚上，夜色未深，但我注意到"近视眼"（史密斯的绰号）十分疲惫，

看起来身体不适，就建议他去睡觉，但他坚持要留下。我一度以为他
快要晕倒了，会从椅子上摔下来，因此便结束了讨论。上楼时，我请
艾森豪威尔单独随我去一趟内阁会议室，关上门后对他说："如果你要
比德尔参加这次战斗，别管他愿不愿意，今夜都必须送他去医院，否
则你就永远失去他了。"艾森豪威尔一贯行事果断，便照做了。就在第
二天，比德尔·史密斯住进了医院，接下来的两天中他输了两次血，
两个星期都没有工作过，大部分时间都在床上休息。为了筹划这场战
役，我们可谓是绞尽脑汁，因为他得到了休养，才能在本次战役的筹
划中发挥出重大作用。

* * *

同美军将军们会谈后，我致电罗斯福总统：

前海军人员致罗斯福总统：

　　1. 从现在起，我会把精力集中在"火炬"作战计划上；
请相信，我定会竭尽全力，将您的伟大战略思想变成一次决
定性胜利。与艾森豪威尔、克拉克以及我方人员会谈后，我
认为完成这项任务最妥善、实际上也是唯一的办法，就是确
定这次作战行动的日期，让所有工作都遵照该日期完成，而
不是说等到一切准备就绪再开战。如果您能同我一起向艾森
豪威尔下达以下指令，定会对战局极有帮助："你应于10月
14日开始执行'火炬'作战计划，在你认为合适的地点，率
领现有军队发动进攻。"这一指令将改变所有准备工作的性
质。艾森豪威尔将真正拥有作为盟军总司令该有的权力。人
们会收起无休止的反对、怀疑以及善意的改进建议，摆脱无
止境的犹豫，行动起来。我想艾森豪威尔定会喜欢这样的指
令，无论如何，这项指令给了一个目前他需要的机会。

　　2. 照我看来，本次作战行动的基础主要在于政治方面。

首先，我们应该避免作战；其次，如果实在无法避免，我们就要赢得这场战役。为了拥有赢得胜利的绝佳机会，我们必须做到：（1）在第一次进攻时，就应倾尽全力，以取得压倒性优势；（2）尽可能多地攻击一些地方。这次战斗完全不同于迪耶普登陆战，也与"痛击"之类的作战计划不同。这是因为，在"痛击"作战计划中，我们面对的是战斗力强劲的德军以及铜墙铁壁般的法国海岸。而在"火炬"作战计划中，我们对垒的是力量极其薄弱而又分散的抵抗部队，而且有很多地点可供选择。如果推迟进攻，危险和困难定会翻倍，这样一来，增加再多作战部队也于事无补。为应对任何不利事件，谨慎计划各个细节，预测时把安全放在首位，为长期作战做长远打算——这些要求在理论上值得称许，但会毁掉本次行动计划。如果发动战役的日期比我提出的时间还迟，便会大大增加泄密和让敌人抢占先机的风险。

3. 为减轻司令官们的负担，我认为我们二人应该做好预测，并且自己承担政治风险。在我看来，下列猜测是合理的：（1）由于我方实施"火炬"作战计划，西班牙不会与英美交战；（2）德军至少还需要两个月的时间才能强行穿过西班牙，或在西班牙安营扎寨；（3）北非法军的抵抗多半是做做样子，会被大规模突袭打败，此后，北非法军会在他们指挥官的率领下积极协助我们；（4）维希政府不会向美英宣战；（5）希特勒将向维希施加极大压力，但在10月，我们会将他牵制在多佛尔海峡，届时他不会有可供调遣的军队入侵法国未沦陷区。所有这些预测都有可能会被证明是错误的，如果是这样，就得专心打一场恶仗，我们对此早有准备。但如果战争伊始便能以果敢的行动而做到兵不血刃，那么我们就会赢得重大战果。就我个人而言，我已做好准备，为这些行动冒险，并为政治判断错误承担任何责任。

4. 显然，如果在西部沙漠打一场胜仗，就能有力证明这

些设想是正确的。如果隆美尔不在 8 月中上旬的月夜攻击我们，那么我们就在 9 月底向他发起进攻。无论哪种情形，我们都要做决策。我坚信，这些决策定会有所帮助。

5. 您知道，我在这里并没有详谈细节问题，因为现在必须先表明一种态度，即要以不变的决心和卓越的能力来执行这项作战计划。

1942 年 8 月 26 日

*　　*　　*

但这时从华盛顿方面传来了爆炸性的消息。关于攻占法属北非计划的性质和范围，英美两国的参谋部产生了严重分歧。美国三军参谋长不愿意在直布罗陀海峡以外的地区开展大规模作战行动。他们隐约感觉到，美军有可能会被封锁在内海。艾森豪威尔将军却十分认同英方的意见，认为在地中海地区，尤其是在阿尔及利亚，有力的作战行动对取胜至关重要。尽管他已向上级力陈己见，但上级似乎不为所动。美国各相关部门坚持认为，在双方运送人员和粮食的船只驶出前，一切必须推迟，艾森豪威尔的计划因此受阻。在规模宏大的作战行动中，必有事项造成耽搁，等这些事项得到最终解决将会导致无限期地推迟作战日期。

美国三军参谋长现在仍坚持己见，我和顾问表示反对。

前海军人员致罗斯福总统：

1. 美国参谋长联席会议于 25 日向我方提交的关于"火炬"作战计划的备忘录，让我们极为不安。在我看来，如果不在开战首日攻下阿尔及尔和奥兰，这次作战计划的重要意义就不复存在。我们在阿尔及尔极有可能不会遭遇抵抗，即便只占领了阿尔及利亚，也是一项非常重要的战略性胜利。在我们的热诚支持下，艾森豪威尔将军事实上已在筹划于进攻的第三天在菲利普维尔和波尼登陆。我们当然无法确定能赶在德军之前抵达突尼斯城,但同样,即便维希政府准许德军进驻突尼斯城,驻守该城的法军也不一定会以礼相待。

2. 如果我们在阿尔及尔确立自己的稳固地位,确保奥兰的交通畅通,即使德军到达突尼斯,我们也能同他们一较高下,为争夺突尼斯城而战。但是如果不从奥兰东进,就等于把突尼斯城和阿尔及尔拱手相让。仅在奥兰和卡萨布兰卡作战不会让敌人对我们大范围同时进攻所产生的威力留下印象,而我们正打算依赖这一点去影响北非的法军。我们一致认为攻占阿尔及尔是整个作战行动的关键。艾森豪威尔将军将攻占阿尔及尔的任务交给了安德森将军,他有信心、有能力能够完成任务。占领阿尔及利亚并挺进突尼斯城和比塞大,对于进攻意大利来说不可或缺,而进攻意大利又是推动法军与我们合作的绝佳机会,也是我们将来作战的主要目标之一。

3. 我们一致同意攻占奥兰,当然也想占领卡萨布兰卡,但是如果要在阿尔及尔和卡萨布兰卡中间选择,毫无疑问,攻下阿尔及尔的希望更大,也更富有成效。10月在地中海地区有五分之四的日子都可以登陆,而在大西洋沿岸的摩洛哥则刚好相反,只有五分之一的日子适宜登陆。

4. 然而,如果奥兰和阿尔及尔的军事行动均取胜,那么在卡萨布兰卡附近海面出现的军队就很容易进入该城,然后发动佯攻也是合理的。但是,目前卡萨布兰卡是最难攻破的据点,而且距离地中海内的主要目标最远。攻打卡萨布兰卡很有可能会遭遇失利,孤立无援,也可能让我们取得极小战果却冒诸多风险。虽然在大规模作战行动中,危险是无法避免的,但就进攻阿尔及尔而言,我方仅要求你方派遣一支悬挂(美国)旗帜的联络队。然而,鉴于我们(自己)无法同时进攻阿尔及尔和奥兰,假如你方愿冒一切危险,大举进攻卡萨布兰卡,美军现在就必须按盟军总司令的计划,继续直攻奥兰。

5. 如果按照备忘录的建议，全盘改变作战计划，无疑会推翻原定作战日期，可能会使全盘计划破产。因为在 10 月，希特勒不会有兵力进军西班牙或法国未沦陷地区。而到 11 月，他对维希政府和马德里政府施加的压力会迅速逐周递增。

6. 总统先生，希望您能牢记我对斯大林的承诺。您是批准哈里曼同意这些诺言的。如果"火炬"计划破产或者减少到目前提议的样子，我认为我的地位会受到严重影响。鉴于上述全部理由，我热切恳求您重新考虑这份备忘录，并准许美国盟军总司令继续进行先前制订的计划，这些计划也是我们目前夜以继日的工作内容。我方参谋人员正向他们的美国同僚传达类似观点。

1942 年 8 月 27 日

我于 8 月 30 日收到总统复电。

罗斯福总统致前海军人员：

我已仔细思考过您在电报里提到的"火炬"作战计划，热切希望能尽早发动攻击。时间至关重要，我们正竭尽全力加速完成准备工作。

我深深感受到，首次攻击必须由清一色的美国地面部队负责，英方的海军、运输队和空军则负责提供支援。因为据推测，法军对英军的抵触远大于美军，所以"火炬"作战计划应在这一基础上实施。我甚至想说，我确信，假如英美部队同时登陆，必会遭到所有驻非法军全方位的抵抗；然而，假如由美军首先登陆，而且英国地面部队不参与其中，那么法军极有可能不会抵抗，或是仅作象征性抵抗。如果可以，登陆后，我需要一周的时间确保法军不会抵抗英军，以巩固我们双方的阵地。真心希望我能做到这点。

随后你方军队便可东进。我充分认识到你们必须赶在德军前登陆。我们确信，首次攻击后至少两周内，德国空军和伞兵部队无法在阿尔及尔及突尼斯城发动任何大规模袭击。在此期间，我们希望英军登陆时不会遇到太多抵抗，并能向东挺进。至于登陆地点，在我看来，鉴于我们联合起来实力仍旧有限，全靠直布罗陀一条交通线过于危险，因而必须在非洲西北海岸建立稳固和永久的军事基地。

因此，我提出以下建议：1. 美军同时在卡萨布兰卡和奥兰两地附近登陆；2. 英美军队应在山后建立公路和铁路交通线，以联结彼此。交通线长度为三百多英里，为本次行动在摩洛哥提供补给基地。该基地位于直布罗陀海峡外，可以用来增援阿尔及尔和突尼斯两地的作战行动，并为作战行动提供物资。真正的问题似乎在于掩护不足，而且战备远不足以供两次以上的登陆行动使用。在我看来，最好进行三次登陆；在我军登陆一周后，你方在东面发起第三次登陆。为此，我认为应再次检查我们的资源，全力以赴，使第三次登陆成为可能。那时，可以暂时不向苏联派遣运输船队，冒险让其他商船运输或直接放弃商船运输。

必须保证所有供艾森豪威尔两次登陆使用的船只完好无损。因此，东面登陆必须调用"火炬"作战计划至今未征用的船只。我将代表我方研究实施方案。我们能否在四十八小时内或者更短的时间内得到答案？

要强调的是，无论如何，我们都必须在大西洋上进行一次登陆。

给总司令下达作战行动指令时，应明确指示，在可行的最早日期发动进攻。应确保能为此次行动留出必要的准备时间，争取让行动获得最大成功，因此应当由总司令决定；但绝不能迟于 10 月 30 日。我仍旧希望能在 10 月 14 日发动本次作战行动。

1942 年 8 月 30 日

*　　*　　*

从这封电报中可以看到，美国坚持己见，认为法军很可能准许美军和平进入，甚至会欢迎美军进入；相反，法军一旦看到英军，便会坚决顽抗。这种看法让我们遇到了诸多困难。这是因为，一方面奥兰、达喀尔、叙利亚和马达加斯加的某些往事以及我们的封锁政策致使英国和维希法国处于对立状态。另一方面，美国大使李海海军上将同贝当保持着密切友好关系。我们一直小心翼翼地保持着这次远征的美国特征，从一开始我就希望美军能赞同罗斯福总统统率大局。尽管如此，计划开始实施的时候，英国方面必须负责派出大批陆军部队、至少和美军同样多的空军部队以及三分之二的海军部队，并且承担大部分运输任务。我并不完全赞同美国方面的看法，认为维希法国拥戴美军却仇恨英军，这样就会产生"英军加入则其战，仅有美军则其降"的局面。但如果作战的必需部队已开始行动，而且作战范围也没有严格限制，那么英国愿意留在后方提供物质上的帮助。我甚至同意，必须参与首次登陆的英军可以身穿美军制服。因为胜利高于一切。但如果出现军队短缺或者不合理限制军队调用的情况，我方绝不妥协。由于英美双方参谋部无法达成一致，这一问题必须由我和罗斯福总统亲自着手解决。

前海军人员致罗斯福总统：

1. 我们仔细思考过您的上一封电报。三军参谋长也与艾森豪威尔商讨过此事。

2. 如果您愿意让美国承担这次登陆行动中的所有任务，包括政治和军事方面的任务，我们不会有异议。和您一样，我十分看重这次作战行动在政治方面的极大重要性。我不知道关于维希政府和北非的态度和情绪，您得到的是怎样的信息。但如果英军能在必要的登陆点完成登陆，没有遇到抵抗或仅仅是象征性抵抗，自然再好不过。但我们不清楚出现这种情况的概率有多大。

3. 但是我希望您思考过以下几种情形：

（1）由于事前英国小型舰艇和飞机已在直布罗陀集合了一段时日，英军参加登陆一事是否会被泄露？

（2）无论英军打着什么旗号，登陆时，英军参与登陆一事是否会走漏风声？

（3）在首战中，是否有必要让英法两国的军机对战，让英国舰只与法国炮台对战？

（4）夜色对于发起突袭来说必不可少，如果军队在夜间抵达滩头并登陆，如何区分美军和英军？要知道在夜间，所有猫看起来都是灰色。

（5）虽然我认为出现这种情况的概率只有四分之一，但假如真的因为浪涛汹涌，我们无法在大西洋海滩登陆，该如何是好？

4. 此外，如果事情进展不尽如人意，登陆遭到顽抗，甚至无法上岸，我们可能在相当长的时间内无法接应，因为所有突击船都被美军征用，我们增援部队的船只也只能从已占领的港口驶入。我赞同您的观点，我们很有可能取得兵不血刃的胜利，但是万一事情出了差错，军事行动失利，后果将不堪设想。如果当年不是在一开始受到和解方案干扰，我们本可以在1940年9月就袭击达喀尔。正因那次残酷的经历，我们的军事专家便十分重视部队成分的单一化。你们是否拥有训练有素且装备精良的军队能够独自完成本次登陆，或者至少兵力充足，足以让敌人望而生畏？

5. 迄今为止，我们一直致力于这项作战计划，突然让我们放弃，定会造成严重耽搁。艾森豪威尔将军说，最早发动进攻的日期是10月30日。在我看来，这意味着最早要在11月中旬才能发动进攻。昨日已下达了停止军运的指令，以便在必要时刻，重作安排。我担心在11月而不是10月发动进

攻会造成一系列新的危险，而这些新的危险远远超过那些我们无论如何都必须面对的危险。

6. 最后，尽管困难重重，对我们来说，在占领卡萨布兰卡、奥兰的同时拿下阿尔及尔极其重要。因为阿尔及尔是最友好也是最有希望攻占的地方，那里的政治反应对整个北非起着最具决定性的作用。放弃阿尔及尔只为可行性仍有待确定的卡萨布兰卡，对我们来说是一个糟糕的决定。如果德军因此在突尼斯城和阿尔及利亚捷足先登，那么在整个地中海地区，敌我力量对比，我方必定处于令人扼腕的劣势。

7. 总之，总统先生，"火炬"计划像先前实施的"体育家"作战计划一样，一直被视作美国的主要任务。英军接受美军指挥和您的统率，愿意竭尽全力，让您决定的所有计划获得成功。不过，必须坦率地说，我们确信最好能遵守我们双方一致通过的路线，即8月14日交给艾森豪威尔将军的指令中清楚地列出的总方针。我确信，只要双方照您所说的那样全力以赴，就能获得足够的海军掩护和战备，以便同时在卡萨布兰卡、奥兰和阿尔及尔登陆。

1942 年 9 月 1 日

罗斯福总统致丘吉尔首相：

1. 已收到您 9 月 1 日的电报并已认真思考。

2. 十分感激您同意全部由美国地面部队执行首次登陆行动，并愿意合作。的确，假如英国以海军或空军支援的方式参与登陆行动，这个消息在行动之初就会泄露给守军。但我认为这跟英军一开始就登陆滩涂产生的影响大有不同。

3. 我们已经预料到大西洋海滩波涛汹涌，很危险。或许有必要利用那些防守不严的小港口。

4. 首次袭击行动中，必然要利用一切可用的战斗运输舰。无论是英国突击部队还是美国突击队，必须在其他后续

部队登陆前，攻下一个港口。无论哪支部队首次登陆并随后抵达，都应这样做。

5. 鉴于您迫切希望同时攻克阿尔及尔、卡萨布兰卡和奥兰，我们提出以下解决方案：

（1）突击部队及其后续部队同时登陆卡萨布兰卡、奥兰和阿尔及尔，三地登陆情况大致如下：

（a）卡萨布兰卡（美军）：三万四千名士兵参与突击行动，由两万四千名士兵组成的后续部队紧跟着在港口登陆。

（b）奥兰（美军）：两万五千名士兵参与突击行动，由两万名士兵组成的后续部队紧跟着在港口登陆。

（c）阿尔及尔（美军和英军）：一万名美军登陆海滩，英军在美军登陆后一个小时内登陆，以保证登陆安全；由总司令决定后续部队。后续部队乘非作战船只在港口登陆。

（2）部队方面。美方可为以上登陆行动提供：

（a）从美国本土调遣部队用于登陆卡萨布兰卡。

（b）从英国本土调遣军队用于登陆奥兰，并为登陆阿尔及尔提供约一万人。

我方在美国和英国分别有一个装甲师（但是两个装甲师实力较弱，不宜加入突击梯队），以及包括空军地面梯队在内的支援部队和后勤部队，可用作后续部队。随后，美国本土还可追加派遣步兵部队和装甲师，也可调用驻扎在英国的剩余美国部队。

（3）航运方面。美国可提供以下船只，10月20日起从美国港口驶出：

（a）可装载约三万四千人的战斗运输舰数艘。

（b）除战斗运输舰外，可装载约五万两千人的运输船数艘，并装运足够物资供应这批人员。除这些运输船外，还有驻扎在英国境内、可装载约一万五千人的美国运输船，以及根据协议，原先预留出来运输驻英美军前去作战的九艘货船。

粗略估计，美国可以调用的运输舰船，足以运输前三批前往卡萨布兰卡执行登陆任务的军队。

（4）海军方面。美国在本次登陆战中提供的护航和支援兵力，不能超过目前在大西洋的力量，外加现在做好准备可以执行任务的所有舰只。

6. 上述是美国可用于本次登陆作战的地面部队、海军部队和运输舰船的全部力量。如果这次登陆行动按原计划执行，即同时在卡萨布兰卡、奥兰和阿尔及尔三地登陆，那么英国必须满足其余全部的人力物力要求。我们认为，这就意味着英国大致需要提供以下力量：

（1）除现在停泊在英国并指定用于"火炬"作战计划的美国运输船外，把部队运往奥兰和阿尔及尔的其余船只（包括战斗运输舰）。

（2）阿尔及尔突击部队及后续需要的增援部队。

（3）除上述美国海军部队外整场行动需要的所有海军部队。

7. 请给我们发电报，确认英国会提供这封电报提及的本次行动必需的运兵船、陆海军部队以及船只，以便美军继续积极备战，在可行的最早日期，执行"火炬"作战计划。

8. 我重申在 8 月 30 日电报中所表达的观点，即应指示总司令在可行的最早日期执行登陆行动，并且由他决定日期。我坚信，绝对有必要及早定下作战日期。在我看来，在这封电报中简述的作战计划，已尽可能满足你们的要求。我认为这是一个切实可行的解决方案，既保留了登陆阿尔及尔的作战计划，实力也足够强大，值得冒险。

9. 从北非获得的最新情报对我们十分有利，内容如下：

如果本次远征由美国军官指挥，三个战场上的驻非法军几乎都不会抵抗。另一方面，在任何战场上，只要是英国军官指挥的或英军与戴高乐的军队合作发起的进攻都会遭到法

军顽抗……

因为这一情报，我认为让美国高级官员负责与驻非法国部队和政府接触至关重要。

按照你我很久以前的决定，我们负责应对驻非法军，你们负责应对西班牙的局势。

1942 年 9 月 3 日

前海军人员致罗斯福总统：

1. 我们用了一天的时间研究了人力物力方面的可行性。虽然赞同您的计划大纲，但认为可在以下基础上制订工作计划，对本次行动的侧重点稍作调整，即减少一万或一万两千名用于登陆卡萨布兰卡的兵力（用后续部队弥补这一缺口）。这些军队拥有自己的战斗运输舰，会在登陆后充分发挥自己的优势，也使得突击部队由清一色美军组成。此番变动平衡了三处登陆的兵力，而且使所有关键据点都看起来声势强大，这是必不可少的。如果不作变动，登陆阿尔及尔就会因缺少战斗运输舰和登陆艇，没有成功的希望。我们都认为，这点有损原计划的完美。

2. 我们建议，让克拉克将军或艾森豪威尔将军与了解我方所有护航运输和海军情况的拉姆齐海军上将以及蒙巴顿，明天一同前往你处，商谈登陆的细节，他们一行人将于周日上午抵达。鉴于本次登陆行动十分重要，我们推荐坎安宁海军上将担任海军指挥，并接受盟军总司令领导。我方不清楚你方能支援多少海军部队，请告诉他这些信息。

3. 由于计划有变，登陆计划已延迟三周。自由法军已察觉到一丝端倪，恐怕会泄密。节省下来的时间都十分宝贵。因此，我们已下令各方照这些方针推进，当然，由您做最后的决定。

1942 年 9 月 3 日

现在胜负未定，我认为应让哈里·霍普金斯清楚我所有的想法，然后请他自己斟酌如何就此事说服总统。

首相致哈里·霍普金斯先生：

　　我请迪基·蒙巴顿亲自将这封信转交给你，因为我知道你为登陆一事殚精竭虑，做出的贡献无人能及。请你斟酌，是否需要将这封信交给我们伟大的朋友总统先生过目。如果认为这封信定令他不安，就不必给他看。这只是一份"非正式的"文书，由你决定如何处理。

　　1. "火炬"作战计划正遭遇挫折，尤其是没必要的拖延，这会导致我们要共同面对更多困难，这令我深感不安。取消"痛击"作战计划，进展缓慢，耗时颇长。但在7月25日你离开伦敦时，各项工作都在紧锣密鼓地进行，而且我确实以为马歇尔已接受总统的最终决策了。我们欣然接受艾森豪威尔将军出任盟军总司令。他与克拉克两人都是十分优秀的军官，接受任命后就立即投入工作。但是，华盛顿的参谋长联席会议8月14日才下达了明确指令。我们在筹划本次登陆行动上费尽心思。这种两栖作战必须配合紧密，环环相扣，像宝石镶嵌在手镯上一样严丝合缝。每个登陆点都必须选用适当的船只，而且这些船只必须依照每支登陆部队需执行的特定任务装运物资。许多舰船只需执行普通任务，因而并不是全部舰只都须如此。但有相当一部分舰只必须适合自己承担的任务，适合负责进攻的海滩坡度和近海水深。我不愿夸大这些工作，因为在很多事情上，人总要冒险的，但安排得越仔细，结果就越好。

　　2. 总而言之，当时一切都在向前推进。直到一个星期前才说不在10月15日登陆，连理由都没有说明。然后，美国三军参谋长令人惊愕难过的备忘录突然送到。这份备忘录完全改变了整个行动的性质和侧重点，即放弃了最易攻占且获

益最大的阿尔及尔，而把所有重要兵力用于登陆卡萨布兰卡和大西洋海岸；经长期研究，我们认为这一方案不具备可行性，因为那里风浪很大，不适合登陆，即便在10月，也仅有四分之一的把握。"放弃阿尔及尔；把兵力转移到卡萨布兰卡；再调遣其他军队攻打奥兰"。这些话说起来当然容易，但请看看改变作战计划对各项已完成工作造成的影响。我亲眼看到，美军两位优秀的将军因日期推迟、美国三军参谋长改变决策，变得心情沉重。实际上，艾森豪威尔的处境十分艰难。因为一方面，他手下的英美参谋人员吵嚷着要求对大量细节问题做出决定；另一方面，他还面临着来自美国的限制，对作战计划的把控十分严格同时又说变就变。如果盟军总司令或最高统帅，没有一丁点自由决定使用其军队的方式、时间和地点，那么担任这一职位有什么用处？我们已做好接受他的命令并服从指挥的准备。即便意见不一致，向你说清事实后，我们仍会服从他的命令。我们只会在各个方面全力帮他，以实现总统伟大的战略构想。现在，美国需要重新考虑整件事后再给我们一个全新的计划。我不明白如果不允许最高统帅行使自己的权力，联合指挥怎么有可能实现？

3. 坦白说，我不知道这些问题产生的原因。我以为马歇尔已同意此事，而且金海军上将已获得在太平洋战场上需要的人力物力。但如今看来，美国军界出尔反尔的情况严重。我内心深处的恐惧感与日俱增，唯恐总统的事业一步步地遭到破坏。盟军今年最大的希望，也是唯一的希望也将随之破灭。不停地变更计划必然产生拖延。听到风声的英美两国广大人民也会相信敌人也得到了消息。登陆一天天地推延，德军会有非常好的机会先发制人。现在期待的最早的进攻时间是11月第一周，但是，如果到最后一周还未执行，我将非常吃惊。谁也无法预料那时别的地区会发生什么。

4. 美国参谋人员究竟为什么不愿意进入地中海地区，尤

其是阿尔及尔，而是迫切集中所有兵力登陆卡萨布兰卡，这让我尤其困惑。我们先分析法军的抵抗问题。总的来说，我认同总统对这一问题的看法和所寄予的希望，即在北非海滩上，法军至少有一半的概率不与美军交战、不屠杀美国青年。不管是过去，还是将来，法国都不会允许这种情况发生。无论如何，我认为风险并不大，假如成功，便会战果累累，因此应当冒险一试。但是，如果这种假设正确，法军不抵抗或只作象征性的抵抗，他们之后必然会加入我们的阵营，那么这种事情会同时发生在卡萨布兰卡和奥兰，尤其是阿尔及尔，因为该地的氛围对我们最有利。如果你们第一天就能轻松并迅速地占领这些港口（必须做到这点），那么全世界都将知道这个事实，我方就无须担心会在西班牙遇到任何麻烦。为解放法属北非，我们将实行和平占领的政策；然后下一步准备袭击西西里和意大利，以及隆美尔后方的的黎波里。

5. 但是，我们分析一下另一种可能性。假设战役已打响，炮台开火，港口却无法登陆，法国空军如轰炸达喀尔般轰炸直布罗陀港口，到时西班牙人确实可能会因德方威逼利诱，插手其中，致使直布罗陀失守。我认为西班牙人要在确定我方局势恶化后，才会改变观望的态度，继而与我们为敌。在这种情况下，我们的确希望派遣最多兵力以最快速度在地中海内登陆，以登陆海滩，最终占领多个港口。这就是我们不明白为何要把登陆重点放在卡萨布兰卡的原因。因为如果在卡萨布兰卡登陆，那就不能在地中海内登陆；况且，如果我们在地中海内的登陆遭到抵抗，那么在大西洋海岸的登陆也同样会遇到抵抗，但不同的是，我们能攻克地中海内的抵抗，却无法对付大西洋海岸的抵抗，除非海上风平浪静，但海上风平浪静的概率仅为四分之一。简而言之，决定法军行动的地点在地中海内，如果确定在地中海内作战对我们有利，那么经双方协议后，占领卡萨布兰卡并不困难。另一方面，

假如在卡萨布兰卡登陆遭到抵抗，我们将如何应对？假如所有军队都不能穿越海浪登上海滩，他们横渡大西洋时乘坐的大船又不能驶入小河、小港，要是想正面进攻卡萨布兰卡，就只能面对来自港口海岸炮台的轰击与海港机枪防御阵地的扫射，在这种情况下这些军队该怎么办？

1942 年 9 月 4 日

这封信一直没有寄给霍普金斯，蒙巴顿也不需要前往大西洋彼岸的美国。我还没有寄出这封信就收到了总统的电报，这封电报极有帮助，给我们带来了希望。内容如下：

罗斯福总统致前海军人员：

……我们的合作越来越密切。我愿意削减用于卡萨布兰卡登陆的兵力，削减的人数以战斗运输舰能够运输的一支团级战斗队计算，大概五千人。由于原先用于袭击奥兰的兵力也减少了大约五千人。因此，腾出的英美战斗运输舰能运输约一万人，参与阿尔及尔登陆战。战斗运输舰运输的美军可作为组建战斗运输舰队的核心。我确定，可以从英国增派兵力。

我觉得，艾森豪威尔或克拉克此时远道而来，并没有好处。我知道他们负责整编缓慢抵达的美军，任务繁重，时间紧迫。而且，我确信我们已充分理解他们的看法。此外，我确实想过段时间，在开始登陆前见艾森豪威尔一面，因而没必要让他们跑两趟。如果您愿意派拉姆齐和蒙巴顿来，我们很乐意接待他们，但我不希望因他们来访而推迟登陆日期。我正在指导各项准备工作。我们应该立刻定下所有问题的最终解决方案。

我希望今天能发给您一份能够参与本次登陆行动的美国海军舰艇名单。

1942 年 9 月 4 日

前海军人员致罗斯福总统：

1. 我方同意您提议的军事部署。我方有大批训练有素的登陆部队，如果方便，他们可穿上美军制服，而且定会为这番乔装感到光荣。海上运输将会一切顺利。

2. 我刚刚收到您的电报①，显然你们也已倾尽全力。我们认为，除非 P. Q. 运输队损失严重，现在英美联合海军的兵力足以让我们全速展开登陆行动。

3. 经艾森豪威尔将军同意，我会立即派遣拉姆齐海军上将去和坎宁安上将讨论部署海军的具体计划。如今，我们必须奋勇向前，争分夺秒。只有这样，才能实现您的战略部署，也才能实现今年做点真正有价值的事情的愿望。

4. 我方获悉艾森豪威尔向马歇尔请求，把从卡萨布兰卡登陆部队中拨出的兵力全部调到此处，我对此表示强烈赞同。

衷心祝好。

1942 年 9 月 5 日

罗斯福总统致首相：

胜利万岁！

1942 年 9 月 5 日

前海军人员致罗斯福总统：

好，全力以赴。

1942 年 9 月 6 日

---

① 罗斯福总统致前海军人员：

据金（海军上将）报告，用于"火炬"作战计划的舰只，美国方面能提供的最高数额如下：一艘现代化战列舰、两艘旧战列舰、一艘航空母舰、两艘经改造的小型航空母舰（暂定其他运载飞机总计七十八架战斗机、三十架俯冲轰炸机）、两艘拥有八英寸口径大炮的巡洋舰、三艘拥有六英寸口径大炮的大型巡洋舰、四十艘驱逐舰、六艘快速扫雷艇；共计五十七艘。 1942 年 9 月 5 日

＊　　＊　　＊

现在还需推进本次作战行动的筹划工作，尽早定下行动日期。

首相致霍利斯准将：

无须为过早执行"火炬"计划感到焦虑。我们必须全力以赴，争取在 10 月 31 日发动进攻。为保证这一点，最好以 10 月 29 日为目标。我提议就此事发一封电报给总统。如果美国方面做好准备，我们是否也能做好准备？

我们必须当心，避免发出致使所有作战人员懈怠的命令。如果你宣布最早在 10 月 31 日发动进攻，一定会拖到十天后。

1942 年 9 月 6 日

9 月 8 日，我与艾森豪威尔和克拉克两位将军共进晚餐。那天是周二，正是我们的例会日。我们当晚谈话的主要目的就是讨论进攻北非的最后日期。相关筹划人员仍坚持在 11 月 4 日发动进攻。我征询"艾克"的意见，他回答道："11 月 8 日，距今天还有六十天。"这次计划延期显然是因为需要装备美国团级作战部队。为避免进一步拖延，我跟之前一样，建议让训练有素的英国突击队身穿美国制服，参与登陆。然而，"艾克"却渴望本次登陆行动纯粹由美军执行。

9 月 15 日我给总统发送了下列电报：

前海军人员致罗斯福总统：

我完全理解您对"火炬"计划所持的政治观点。除非敌军捷足先登，该观点正确合理。如今没有迹象表明敌人已有察觉，而且法军的情绪也处于最佳状态。因而，我正期待登陆日期的到来。

在整个"火炬"作战计划中，不论在军事方面还是在政

治方面，我都认为自己是您的副手，只要求能在您面前坦白说明自己的想法。我们应当有一座功能强大的无线电台，战斗开始即可启用。如果事先把您给法国的呼吁书和其他宣传资料录好音，在登陆期间播放，嘹亮的声音定能压倒一切声浪。

英军仅会在您认为适当的时刻参加战斗。这是一次美国军事行动，我们在这次行动中充当美军助手。

1942 年 9 月 15 日

然而，我本人仍不放心西班牙。

首相致外交大臣，并请霍利斯陆军准将把电报转交参谋长委员会：

1. 我们必须密切关注西班牙对"火炬"计划准备工作的反应，他们的反应在直布罗陀会变得明显。我希望能看到一份简短报告，说明为"火炬"计划做准备时，我们将在直布罗陀投放什么物资并附上时间表。这些准备会比一支前往马耳他大型船队的正常运量多多少？

2. 大批飞机抵达将是解决这一问题的关键，也会涉及利用中立地区的问题。

3. 如果在实施"火炬"作战计划前两周左右，德军向西班牙方面施压，要求对这些准备工作做出解释，并要求西班牙在清空中立地带或允许德军飞机利用巴伦西亚机场这两者中做选择，到时会发生什么？对于德国的施压，西班牙会如何反应？我们的态度又该如何？在这一尴尬时刻，我们或许会跟佛朗哥摊牌。我认为应当准备好应对这些问题。

1942 年 9 月 16 日

9 月 22 日，在由我主持、艾森豪威尔列席的三军参谋长会议上，

做出了最终决定，将发动"火炬"计划的日期定在 11 月 8 日。

*　　*　　*

我与总统紧张通信，讨论主要作战行动时，隆美尔已向开罗发起坚决的、事实证明也是最后一次的进攻。这次战役结束前，我一直心系沙漠地区以及在那里展开的较量。我对新任指挥官相当有信心，而且很确定我们在部队、装甲车以及空军力量方面，较之以往，数量优势已非常明显。但是，由于在过去两年间经历了不愉快的意外事件，我难以消除心中的顾虑。因为刚刚视察过即将拉开帷幕的战场，以下情景清晰地呈现在我的脑海里：蜿蜒起伏、岩石众多的沙漠中，隐蔽着炮台和坦克，埋伏着伺机反攻的陆军，整个情景令人心潮澎湃。如果再次战败，不仅战败本身就是灾难性的，而且恰逢英美谈判，战败会削弱英国的威信和影响力。相反，假如击退了隆美尔，我们的信心便会与日俱增，形势会好转，这有助于我们在其他问题上达成协议。

亚历山大将军承诺在战斗正式开始时，会发来带有"齐普"单词（"齐普 Zip"在英文里是拉链的意思，灵感来源于我时常穿的衣服）的电报。8 月 28 日，我发电报问亚历山大将军："你认为本月是否有可能会发来写有'齐普'的电报？军事情报处认为不会那么快。祝你成功。"他在复电中说："从现在开始的每一天，'齐普'形同金钱。敌人发动进攻的可能性日渐减少，如果到 9 月 2 日都没有发动进攻，就不可能发动进攻了。"30 日，我接到写有单音节单词"齐普"的电报后，立即致电罗斯福和斯大林："隆美尔发动进攻了，我们为此一直准备着。大战现在也许要开始了。"

蒙哥马利推断得十分准确，隆美尔确实计划让装甲部队穿过英军阵地南部防御薄弱的雷区，然后向北推进，由两侧及后方包围我方阵地。决定这场战斗胜利的关键地带位于阿拉姆海尔发山脊，而蒙哥马利的部署首先就是确保该地不会落入敌人之手。

8 月 30 日夜间，两个德国驻非装甲师横穿雷区，次日行军至德尔

拉吉尔。我军第七装甲师在敌军进犯之前逐渐撤退至东面侧翼。在德国装甲师的北面，两个意大利装甲师和一个摩托化师也企图穿过雷区。但雷区的纵深超出了他们的预期，而且他们陷入了新西兰师纵向射击炮队猛烈的围攻，因而没有成功。德国第九十轻装师却成功穿过雷区，为装甲师北行打开一个缺口。在该战线的另一端，敌军同时对印度第五师和澳大利亚第九师发起攻击，意图牵制这两个师的行动，但在激烈的战斗后，被迫后撤。德意装甲部队可以选择从德尔拉吉尔向北进击阿拉姆海尔发山脊，或向东北挺进，攻打哈马姆。蒙哥马利希望敌军不要选择后者，他更希望在自己选择的战场作战。为此，我方向隆美尔方面散布了一张假地图。这张地图显示，若向山脊地区进攻，坦克容易通过；若是向东挺进，坦克则不易通过。两个月后，据被俘的冯·托马将军称，这一假情报起到了预期效果。如今，战事当然正准确地按照蒙哥马利的设想进行着。

31日傍晚，我方击退了敌人向北发起的进攻，因此敌军装甲团进入了临时防御营地，在接连不断的大炮轰击和猛烈空袭中度过了一整晚。次日清晨，他们向英军战线中心地带挺进，我军第十装甲师正集结在此处迎战。沙地比他们想象的更加坚实，我军的抵抗比他们预料的更为顽强。虽然当天下午他们再度发起进攻，但以失败告终。如今，隆美尔深陷其中，意大利军溃不成军。他已无力增援其冒进的装甲部队，而装甲部队高强度运作耗费了大量本就稀缺的燃料。或许他已经听说又有三艘油船在地中海沉没的消息，因此在9月2日，其装甲部队转攻为守，准备迎击我方进攻。

蒙哥马利并没有上钩，因此隆美尔只能撤退。9月3日，敌军开始撤退，英国第七装甲师袭击其侧翼，敌军无装甲的运输车辆损失惨重。当夜，英军开始反攻，但攻击的并不是敌方装甲部队，而是敌军第九十轻装师和的里雅斯特摩托化师。假如能击溃这些师，就能在德国装甲部队回到这里前，堵住雷区的缺口。新西兰师发动猛烈进攻，但遭到德国驻非部队猛烈还击，但随后德军便逃之夭夭。现在，蒙哥马利已停止追击。他计划在时机成熟时主动进攻，但是时机尚未到来。

他已击退了隆美尔向埃及发起的最后一次强攻，使其损失惨重，因此十分满意。第八集团军和沙漠空军以较小的代价沉重打击了敌军，并使得敌军的军需供应再次陷入危机。我们从后来缴获的文件中得知，隆美尔已穷途末路，不断请求援助。我们也知道，那时他已疲惫不堪，身体不适。这场战役被称为阿拉姆海尔发战役。两个月后，我们看到了本次战役的效果。

我们牺牲了一百一十名军官和一千六百四十名士兵，其中包括九百八十四名英国人、二百五十七名澳大利亚人、四百零五名新西兰人、六十五名南非人、三十九名印度人。这的确是一场大英帝国的战役，在本次战役中，宗主国英国担当了主力。

附　录

首相以个人名义发出的备忘录与电报

1943 年 2 月

首相致空军参谋长：

1. 在这种飞机完成之前让我看一下或许会有所帮助，这样一来，我便能提出一些建议，以对这些飞机做微小改进。因此我希望该机能于下周抵达诺索尔特机场，并有随同人员向我说明。

2. 近期我并没有再作旅行的打算。如果飞机上设有增压舱，像我这般的老人家便可以直飞苏联，这自然是好极了。

1943 年 2 月 9 日

首相致伊斯梅将军，转参谋长委员会：

为何冯·阿尼姆麾下七万五千四百名轴心国军队中，战斗人员达到了六万二千一百名之多，而各种勤务部队仅有一万零一百人，另外还有德国空军三千二百人？为何德国战斗人员与非战斗人员的比例是七比一，而我们的情形恰好相反？

1943 年 2 月 10 日

首相致外交大臣、伊斯梅将军并转参谋长委员会：

我正在思索六七个月内再举行一次会议的可能性，我希望能说服

斯大林来参会。为达成此目的，我认为塞浦路斯很适合作为会址。当然可以令一艘船停泊在一个港口外以供通讯之用。为修建临时别墅，拨出适当费用也是无可非议的。你看，这对斯大林来说距离多短啊。

如果你觉得这个主意不错，请同殖民地事务大臣讨论一下，并告诉我一些办法和途径。

1943 年 2 月 10 日

首相致莫顿少校：

1. 请将我从特种军事行动执行局收到的有关处理南斯拉夫事务的报告让塞尔伯恩勋爵过目。大体上我是赞同这份报告的。我认为，同南斯拉夫的领袖建立我们需要的密切联系极具重要意义。被控制在这些地区的敌军数量是最值得注意的。

2. 在阿诺德将军途经开罗时，我极力请求他多给我们八架"解放者"式飞机，以供降落伞空投物资或作间谍之用。他将于次日晨间离开，但给斯帕茨将军下了指示。我相信，你曾同特种军事行动执行局的工作人员就该问题举行过一次会议。我也同艾森豪威尔将军说过多给八架"解放者"式飞机一事。

3. 请告诉我现在情形如何，我们是否还有可以做的事情。如果你能告诉我哪个地方存在障碍，我或许能排除。

1943 年 2 月 12 日

首相致外交大臣：

关于在意大利的各种反法西斯分子一事，我完全同意你的意见。只要我们不做任何承诺，听听他们说些什么也无妨。我希望你能在内阁会议上再次提出此事。无论如何，我必须告诉总统。我毫不怀疑，如果"哈斯基"作战计划在初始阶段就取得成功，那么一旦机会来临，美国便会坚持缔结协定，将意大利逐出战争。我必会极力支持这一行动。除了为取得全胜所必需的时间外，我绝不愿承担让战争多进行哪怕是一天的责任。

1943 年 2 月 13 日

首相致联合作战部队司令、主计大臣、第一海务大臣、空军参谋长，以及轰炸机司令部总司令：

"提尔皮茨"号在特隆赫姆的时候，你们是否放弃了所有对付该军舰的计划？五个月前，我们听说了许多关于这艘敌舰的言论，这些言论如今也已逐渐减少。我们至少有四五个计划正在考虑当中。在港湾内攻击船只方面，意大利人表现得比我们要好得多，这似乎令人难以置信。

战车和深水炸弹发生了什么意外？

如果你们能对情况做出判断，而且可能的话，随后提交一份报告给我，我将会十分感激。这一战利品就在那里等着，却没人能想出赢得它的办法，未免太过可惜。

1943 年 2 月 16 日

首相致伊斯梅将军，转参谋长委员会：

因参谋长们和联合作战部司令在推进"哈斯基"作战计划时表现的顽强不屈且坚持不懈的努力，首相希望能向他们表示衷心感谢。他已批准那封与此相关的电报，并请总统本人留意这封电报。

1943 年 2 月 17 日

首相致伊斯梅将军，转参谋长委员会：

1. 鉴于某些美国人对"哈斯基"作战计划采取拖延态度，我希望由联合计划委员组成一个小型委员会，与联合作战部的司令一同为我们在 6 月单独执行该行动做一次研究，除登陆艇、护航舰外，我们不会用美国的任何东西。我们在突尼斯有四个师，并有两个师在途中或正在待命——共计六个师。第八集团军可携六个师从的黎波里行动。为执行"哈斯基"作战计划，要从波斯调两个英国师，因此执行该行

动的共有十四个师,而原先规定这一作战计划仅需九个半师。

2. 在登陆时,美国会派空军助我们一臂之力,其余完全由英国部队执行,因此具有很大优势。美国人届时可直接进入我们已经占领的港口,并投入战斗,而无须接受突击登陆训练。无论如何,我们要看该计划如何制订。如果我们能够如此提议,至少也是一种鞭策,事实上,这种鞭策很有力度。

1943 年 2 月 19 日

首相致伊斯梅将军、爱德华·布里奇斯爵士,以及其他有关人员:

我请求艾森豪威尔将军下令在美国飞机的编号后写上它们的名字,请注意美国司令部执行该项命令的谨慎程度如何。一定要确保我们也照此办理。所有违背这一指令的事件必须向我汇报,并将违抗命令的文件连同负责签发该文件的部门所做的说明一并呈给我。

1943 年 2 月 26 日

首相致公共工程大臣:

你刚刚针对关于建筑工业的人员训练问题发布了一份白皮书,令人印象深刻,请允许我向你表示热烈祝贺。建筑营造的确是战后一项非常紧急、重要的任务,且实际上会对全体人员产生一定影响。我很高兴你能及时采取措施筹划此事,并勇敢地进行筹划。愿你的计划顺利进行。

我将把类似的备忘录送交劳工与兵役大臣。

1943 年 2 月 27 日

首相致内政大臣:

不久前,我对你交给我的监狱人数报表感到惊喜不已,尽管战时违法行为大幅增加,但监狱人数却鲜有增长。如果你能交给我一份最近的报告,说明到目前为止监狱人数和战争前一年的对比,我将会十分感激。

1943 年 2 月 28 日

首相致农业大臣:

向全国供应更多鸡蛋将是一笔开销巨大的买卖,这种说法让我感到不满。得知新的生产计划可能会进一步削减目前本就拮据的供应,这让我坐立难安。

你交给我的报告清楚表明,进口脱水鸡蛋比进口用来在国内生产鲜蛋所需的饲料更为划算。你的描述令人印象深刻,但如果将我曾建议的通过进口额外粮食的方式来增加鸡蛋产量包括在内,那你的报告将会更切合实际。

我所想的是,有没有可能从我们喂牛的几百万吨饲料中,拨出几十万吨用作鸡饲料。据我所知,这种办法并不会引起牛肉产量过度下降。另外,我听说鸡吃了混合食物,转化蛋白质的能力比牛还要好一些。

的确,我们有理由相信不会造成严重损失。如果从农场取得粮食就意味着冬季养肥的牛要少一些,但在夏季,吃草养肥的牛会更多一些。因此可以对我国生产的牛的屠宰时间稍加变更。但通过稍微变更我们进口计划的时间,或我们释放仓储的时间,是完全可以消除因变更屠宰时间而造成的影响的。我十分关心,因我们大幅削减鲜蛋的供应对人们造成的精神上和营养上的影响。

你的工作极其出色,我曾给予过正式赞扬,但在这一非常重要的方面失利而蒙受瑕疵,令我感到十分痛心。我希望能说服你尽力克服困难,而不是陷于困境难以自拔。如果你愿意前来与我交谈,我欢迎之至。

1943 年 2 月 28 日